CANAN TAN

SÖYLENMEMİŞ ŞARKILAR

ALTIN KİTAPLAR

ALTIN
KİTAPLAR

KAPAK

www.yetmisyuz.com

BASKI 1. BASIM / OCAK 2008 (2000 adet)
2. BASIM / OCAK 2008 (2000 adet)
3. BASIM / OCAK 2008 (2000 adet)
4. BASIM / OCAK 2008 (2000 adet)
5. BASIM / OCAK 2008 (2000 adet)
AKDENİZ YAYINCILIK A.Ş.
Göztepe Mah. Kazım Karabekir Cad.
No: 32 Mahmutbey - Bağcılar / İstanbul

ISBN 978 - 975 - 21 - 0917 - 9

ALTIN KİTAPLAR YAYINEVİ
Celâl Ferdi Gökçay Sk. Nebioğlu İşhanı
Cağaloğlu - İstanbul

Tel: 0.212.513 63 65 / 526 80 12
0.212.520 62 46 / 513 65 18

Faks: 0.212.526 80 11

http://www.altinkitaplar.com.tr
info@altinkitaplar.com.tr

ALTIN KİTAPLAR

Dilinin ucuna gelip de söyleyemediklerini
SÖYLENMEMİŞ ŞARKILAR'ın notalarına
işleyen herkes için...

İÇİNDEKİLER

SÖYLENMEMİŞ ŞARKILAR

Âşıklar Şehri Paris!

Ya da ***Işıklar Şehri***...

Öyle derler ya senin için... Pek seversin böyle tanımlanmayı.

Moda ve lüksün başkenti olarak baş tacı ederler.

"Görmeden ölmemeli insan!" diye abartırlar bir de...

Bunca şımartılmayı hak ediyor musun bilemem ama, kaçtıkça kovalanan güzel ve mağrur bir kadın gibi, ziyaret edilmekten, her seferinde yeniden keşfedilmekten, üzerine övgüler düzülüp göklere çıkartılmaktan hoşlanan, kibirli bir yanın olduğu kesin.

"Can sıkıntısı
Paris'e mahsus değildir
Dünyanın her yerinde vardır
Ama dünyanın her yerinde
Paris yoktur!" diyor Montand, Francis Lemarque'ın *a Paris'*inde. Dünya üzerindeki tüm can sıkıntıları, Paris'e ulaşamamaktan kaynaklanırmış gibi...

Ben sana ulaştım!

Hatırlayacaksın, -toprağına ayak basan hiç kimseyi, onlara yaşattığın hiçbir kareyi unutmazsın çünkü sen- ilkinde balayımız için gelmiştik sana. Ev sahipliğindeki yetkinliğe söyleyecek tek söz bulamam.

Champs Elysees üzerindeki otelden çıkıp yürüyerek dolaşmıştık seni. Seine Nehri boyunca, zaman zaman çocuklaşıp birbirimizi kovalayarak uzun yürüyüşler yapmıştık.

Bulvar kafelerindeki kahvenin mis kokusu hâlâ burnumda. Üzümlü, bademli, erimiş çikolatalı çörekler... Champs Elysees'deki unutamadığım dondurmacı, nehir üzerindeki tekne turu sırasında rüzgâra kapılıp uçuveren kırmızı ipek fularım... Ve ille de damağımdan tadı silinmeyen şarabın!

Dün gibi aklımda hepsi.

Âşık olmayanları bile birbirine körkütük âşık edecek bir iksir vardı sende. Doğrusunu istersen, tutkulu bir sevdanın kollarında değildik sana gelirken. Sunduğun büyülü iksiri tadıncaya kadar...

Sonrasında uzun yıllar sürecek evliliğimizin, belki de en tutkulu günlerini yaşattın, aşka âşık olmaya şartlandırdın bizi.

Hem de, buradayken böyle, dönüp gittiğinizde ne haliniz varsa görürsünüz, der gibi umursamaz bir edayla.

Öyle de oldu zaten. Yoktan var ettiğin aşkımızı sana bırakarak ayrıldık kollarından. Sense, koynunda yarattığın âşıkları yuvalarına uğurlarken tümüyle silmesen de, zihninin derinliklerine gömdün onları. Yeni âşık adayların vardı, üzerinde çalışacağın; onlara yöneliverdin.

Kızmıştım sana. Öç almak ister gibi, "Kuşbakışı görünüşü dilimli pastaya benzeyen bir şehirdi işte," dedim, diğer tüm özelliklerini geriye itip yok sayarak.

"Bir balayında, bir de evliliğine ya da beraberliğine noktayı koyduğunda gideceksin Paris'e," demişti bir dostum. "Tek başınaysan eğer, ışıl ışıl bir yalnızlık çöker üzerine... Başka hiçbir yerde yaşayamazsın bu tür bir yalnızlığı."

Mazoşist bir yaklaşım, diye düşünmüştüm. Kendi içine doğru ağlayanların, gülümseyişlerinin kıvrımlarında hüzün biriktirenlerin yalnızlığa yaklaşımı... Gene de etkilenmiştim galiba.

"Bak çarşaflar buruş buruş
Otur yalnızlığına ağla şimdi..." diyen Edith Piaf'ın buğulu sesi dolmuştu yüreğime.

Evet, uzun yılların ardından evliliğine kocaman bir nokta koymuş, çiçeği burnunda bir "yalnız" olarak, yeniden geliyorum sana Paris!

Burnunu havaya dikip şımarma hemen. O dostumun öğüdüne uyduğumdan, yalnızlığımı seninle paylaşmak istediğimden değil... İki gün sonra açılacak karma resim sergisine katılmam için yapılan davet üzerine.

Bakalım bu kez nasıl davranacaksın bana? Aşk kıvılcımlarının yerini alan yalnızlığıma nasıl bir ışıltı kazandıracaksın bakalım, ey Işıklar Şehri!

Göreceğiz...

* * *

Anadolu'dan Esintiler temasıyla izleyenleriyle buluşan karma sergimize kucak açan mekân, Paris'in ünlü Galerie Montenay'ı.

Katılımcı ressam sayısı sekiz. Çoğunu tanıyorum. Daha önce yurtiçi, yurtdışı; karma ve grup sergilerine beraberce katılmıştık. Aralarında, Ankara Gazi Eğitim Enstitüsü Resim Bölümü'nde aynı dönemde eğitim gördüğümüz iki ressam arkadaşım da var.

Açılışın ardından, koleksiyondaki eserleri konuklarla buluşturuyoruz. Çoğunluğu oluşturan, çeşitli nedenlerle Fransa'ya yerleşmiş, Paris'te yaşayan Türkler. Onların yanında, çizgilerin ve renklerin dansına gönül vermiş Fransız sanatseverleri de görmek sevindirici.

Elinde şarap kadehiyle "Sekizinci Renk" adlı tablomun önünde uzunca bir süre çakılı kalan, güzel sanatların resim bölümünde öğretim üyesi olduğunu sonradan öğrendiğim, kırlaşmış uzun saçlarını ensesinde atkuyruğu yapmış, çenesinin ucundaki sivri sakalı her ağzını açışta bir aşağı, bir yukarı devinen orta yaşlı Fransız, "Yaşamla imge arasındaki ilişki arayışlarının çok boyutlu görsel saptaması!" diye yorumluyor eserimi. "Başarılı bir çalışma. Kutlarım sizi..."

Böyle özel bir koleksiyonda eserimin bulunması bir yana, yetkin bir ağızdan aldığım övgüler gücüme güç katıyor, bundan sonraki çalışmalarım için yüreklendiriyor beni.

Sergiye katılan Türkler arasında resimden anlayan gerçek sanatseverler de var, içinde "Türkiye" sözcüğü geçen bu etkinliğe sırf vatan özlemini bir nebze olsun gidermek amacıyla katılanlar da. Düzenlemeyi üstlenen Türk İşadamları Derneği'nin üyeleri, bir an bile yalnız bırakmıyorlar bizi. Hep beraber, keyifli bir sohbeti paylaşıyoruz.

"Nadire!"

Uzaklarda kalmış, üzeri tonlarca yaşanmışlıkla örtülmüş, eskilerden gelen, eskileri çağrıştıran sesin sahibini görmek için başımı kaldırdığımda, tanıdık bir çift göz ve o bildik bakışlarla sarmalanıveriyorum.

"İlkay?"

"Ta kendisi!" diye kucaklıyor beni. "Geleceğini duyduğumdan beri içim içime sığmadı inan."

Birdenbire üzerime çöküveren tutukluğu, sevinçle hüzün arasında gelgitler yaşayan şaşkınlığımı fark etmemiş gibi, yanı başındaki, upuzun boyuyla kendisine tepeden bakan yakışıklı Fransızla tanıştırıyor beni.

"Kocam Alain!"

Ardından da, yaptıklarını ya da yapamadıklarını benim gözümde temize çıkarmak istercesine, ayrı kaldığımız yılların hesabını vermeye koyuluyor.

"Ne yapalım Nadire'ciğim... Senin gibi ünlü bir ressam olamadım ben. Evlenip elimi eteğimi çektim o işlerden. Öncesinde birkaç yıl özel bir okulda resim öğretmenliği... Ve burada yaşayan kuzenimi ziyaretim sırasında Alain ile tanışmamız... Nasıl oldu, nasıl vurulduk birbirimize; anlat desen anlatamam. Soluğu nikâh masasında aldık. İyi de etmişiz..."

Okul günlerindeki uçarı kızın, geçen yıllarla az buçuk durulmuş hali. Gözucuyla Alain'i inceliyorum... İlkay'a göre fazla ağırbaşlı, Fransız nezaketinden gereğince payını almış ölçülü davranışlarıyla hoş bir adam. Oldukça da yakışıklı.

İlk anda bu beraberliği yadırgıyorum nedense. Fransızların eş seçimi konusundaki tercihlerini Türklerden yana pek kullanmadıklarını düşündüğümden belki. Ama, öylesine uyumlu görünüyorlar ki... İlkay'ın benimle konuştuklarını üşenmeden Fransızcaya çevirmesi, Alain'in onu ilgiyle dinleyişi ve bana yönelik sıcak tavırları...

Kısa bir süre öncesine kadar parçası olduğum kalabalıktan soyutlanmış gibiyim. Gördüğüm kadarıyla hâlâ gücünü koruyan, ilginin odağında kalabilme becerisiyle, beni de kocasını da anlattıklarına tutsak etmeyi başarıyor İlkay.

"Nadire, sınıfın gözbebeğiydi!" diyor Alain'e. "Yalnız sınıfın değil, okulun en güzel kızıydı. Erkek arkadaşlarımızın hepsinin aklı ondaydı haliyle..."

Konuşmanın akış yönünden hoşnut değilim. Her yeni söylenen, gerilere, hatırlamayı istemediğim bir yerlere taşıyor beni. Umurunda değil İlkay'ın, anlıyor da bile bile yapıyor sanki.

"Üstün Hoca'yı nasıl kızdırmıştın o gün," diye derin sulara yelken açıyor. "Hani senin dışarda bir işin vardı da, teslim etmen gereken tablonun sol alt köşesini Levent tamamlamıştı... Yılların kurt hocası, yutar mı hiç? İlk bakışta çaktı dalgayı! 'Kolektif bir çalışma olmuş. Ama ben, yalnız senin elinden çıkmasını yeğlerdim!' demişti de, ne kadar kendimizi tutmaya çalışsak, kahkaha patlamasını engelleyememiştik."

Hemen dönüp Alain'e çeviriyor söylediklerini. "Levent, sınıf arkadaşımız!" diyor.

Levent... Sınıf arkadaşımız...

Yalnız bu kadar mı İlkay? Daha fazlasını anlatmadın mı kocana? Ortak arkadaşımızın hangimize daha yakın durduğunu...

Birden silkiniveriyorum. Aradan yirmi küsur yıl geçmiş, köprülerin altından onca su akmış... Neyin hesabını görüyorum hâlâ ben? Görülecek bir hesap vardıysa eğer, zamanında görecektin Nadire Hanım! Geçmiş ola...

Soluk almamacasına konuşmaktan yorulmuş gibi, aniden susuveriyor İlkay. Sevecen bir tavırla kolumu tutup yüzünü yüzüme yaklaştırarak, "Akşama devam ederiz," diyor. "İtiraz istemem, yemekte beraberiz!"

"Ama..." diye başlayacak oluyorum.

"Onlarca yıllık özlemin tüm yükü benim üzerimdeymiş demek," diyor sitemle. Sonra da umursamaz bir tavırla ekliyor. "Saat 20.00'de hazır ol. Otelden alırım seni."

Her zamanki gibi konuya hâkim, karşı durmalara hazırlıklı ve buyurgan. Kocasının kolunda sekerek yürüyüşüne dalıp gidiyorum...

Saat 20.00'de otelin lobisinde buluşuyoruz İlkay'la. Yalnız gelmiş, kocası yok. "Baş başa olalım istedim," diyor. "İşin yoksa bir de ona çeviri yap..."

Son model kırmızı Citroen'in ön koltuğuna, İlkay'ın yanına yerleşiyorum. Yol boyunca kocasını, evliliğini; biri on iki, diğeri sekiz yaşındaki iki oğlunu anlatıyor bana. Alain'in büyük bir sigorta şirketi olduğunu...

"Tümüyle boşta sayılmam," diye gülüyor. "Şirketin reklam bölümünde grafik çalışmalarına danışmanlık yapıyorum. Bilirsin, perspektif derslerinde en yüksek notu ben alırdım."

Yemek yiyeceğimiz yer, La Maison Blanche! Daha önce gitmişliğim yok ama, Paris'in en lüks ve pahalı restoranlarından biri olduğunu biliyorum. Bana hava mı atıyorsun arkadaşım, demek geçiyor içimden. Kafamda beliren olumsuz düşünceyi siliyorum hemen. Yıllar sonra baş başa yemek yiyeceği, bir zamanlar en yakını olan can arkadaşını en iyi yerlerde ağırlamak istemesi, yerilecek değil övülecek bir davranış aslında.

Masamız önceden ayrılmış, geçip oturuyoruz. Restoran çalışanlarının gösterdiği yoğun ilgiden, İlkay'ın buraya eşiyle dostuyla, başka konuklarıyla ya da tek başına sık sık geldiğini tahmin edebiliyorum.

Yiyecek ve içecek seçiminde yol göstericim o.

"Mantarlı fleminyon yiyelim," diyor.

"Benimki iyi pişsin," diyorum yalnızca.

Masamızda erkek olmadığından, şarabın tadına bakıp "içilebilir" kararını veren de o; ana yemek öncesi için, bir dizi aperitifi bana sorma gereği duymadan ısmarlayan da.

Oturduğum koltukta huzursuzca kıpırdanıyorum. Davet sahibi olarak böyle bir ayrıcalığı var, kabul ediyorum; ancak gecenin devamında bu tutumunu sürdürür de kendisine sunulan her şeyi yeme zorunda bırakılan küçük bir çocuk yerine koyarsa beni, böyle sakin kalabilmem olanaksız. Ne o okul günlerimizdeki İlkay, ne de ben o günlerin Nadire'siyim. Bunu görmeli artık...

Endişelerim boşa çıkıyor. Zengin çeşitli peynir tabağından aldığımız minik lokmalar eşliğinde şaraplarımızı yudumlarken, eşitleniveriyoruz İlkay'la. Öğrencilik döneminin en haşarı anılarını ortaya dökmekte yarışan iki eski arkadaşız şimdi... Birbirine karışıyor kahkahalarımız, bu tür yemeklerde yüksek sese alışık olmayan Fransızların yadırgayan bakışlarını görmüyoruz bile.

Neden sonra duruluyor İlkay.

"Karakalemlerle, tuvallerle, renklerin büyülü dünyasıyla buluştuğumuz, boyalarla bezeli o günleri nasıl özlüyorum, bir bilsen..." diyor. "Çay kahve molası vermek için can attığımız atölye çalışmalarını..."

"Can atan sendin!" diye kesiyorum sözünü. "Atölye ortamına yaraşır ciddiyette çalışacağına dalga geçmeyi yeğleyen, çarçabuk sıkılıveren bir sen vardın aramızda."

"Yapı meselesi. Hâlâ da aynı konumda on dakikadan fazla kalamam ben... Hatırlıyor musun, bir keresinde dışarda yağan lapa lapa kara dalıp gitmiştim de, 'İzin veriyorum sana,' demişti Üstün Hoca. 'Pılını pırtını topla, karların üzerinde sürdür çalışmanı. Daha verimli olur belki...'

Öğrencilerini dışarı atmaya pek meraklıydı hocamız. Bir kez de Levent'in başına geldi aynı durum. O da hak etti ama! Yarım saat boyunca gözlerini tuvale dikmiş, heykel gibi duruyor. Ne tek bir çizgi, ne de renk... 'Git, dışarda dinlendir hülyalı bakışlarını,' demişti hoca."

Levent'in adını İlkay'ın ağzından duymak, garip, sızılı bir titreşim yaratıyor içimde. Neyse ki konuyu değiştirecek çok anı var dağarcığımızda... İçlerinden birini seçip çıkarmaya çabalarken, benden önce davranıyor İlkay.

"Hepimizden farklıydın sen Nadire! En yakınındakiler için bile ulaşılmaz, dışa vurmadığı, belki de vuramadığı duygularıyla tam bir sır küpü... Resimde de ilginç bir tarzın vardı. Çalıştığın tabloların altına küçücük bir tek taş iliştirirdin... Böylelikle adına uygun, nadir bir mücevher olduğunu vurgulamak isterdin sanki. Dikkat ettim de, aynı davranışı sürdürüyorsun. 'Nadire'nin imzası tek taş pırlantadır!' vurgusu hâlâ geçerli."

"Ressamların farklı tarzlara sahip olmaları doğal. Onları farklı kılan, biraz da, dikkatli gözlerin görebileceği bu tür özel ayrıntılar değil midir?"

"Haklısın. Levent'in de her çalışmasında ***göz*** motifini kullanması gibi. Uysun uymasın, tablonun bir yerine iliştirilmiş bir göz, mutlaka vardır."

Gene mi Levent, dememek için zor tutuyorum kendimi. Israrla üzerime gelişinden etkilenmediğimi kanıtlamak ister gibi, "Evet," diyorum. "Özellikle geometrik şekillerin ortasına kondurduğu gözlerden dolayı ona, 'Picasso Levent' derdik ya..."

Ağzımdan bu adı duymakla zafer kazanmışçasına mutlu, gülüveriyor. Ancak hemen toparlıyor gülümsemesini.

"Çok büyük bir aşktı onunki!" diyor gözlerimin içine bakarak.

Bu bir itiraf mı? Günah mı çıkarıyorsun İlkay? Bunun için mi çağırdın beni buraya?

"Neden ayrıldınız o halde?" diyorum kayıtsızca. "Neden evlenmedin onunla?"

"Ah benim budala arkadaşım!" diye küçük bir kahkaha atıyor. "Levent bana değil, sana âşıktı!"

Damarlarımda akan kan o an duruyor sanki! Dumura uğramış beynim, duyduklarını algılamaktan aciz...

"...sana âşıktı!"

Bedenimdeki hücrelerin tümü bu sözlerle yoğrulmuş, "olamaz!" diye isyan ediyor.

"Neler söylediğinin farkında mısın İlkay? Böyle bir şeye inanmamı beklemiyorsun herhalde."

"Nedenmiş o? Okulun ilk iki yılı boyunca yapışık ikizler gibi her yere beraber giden siz değil miydiniz? Yan yana oturulan teorik dersler, dip dibe yürütülen atölye çalışmaları, ders sonrası gidilen sinemalar, okul çayları, partiler... Sınıftaki herkes sizi ayrılmaz bir bütünün parçaları olarak kabullenmişken, gözünün önünde filizlenen amansız sevdayı, bir tek sen göremedin."

"Arkadaşlık yönü ağır basan, adı konmamış bir beraberlikti yalnızca. Hiçbir duygusal yakınlaşma olmadı aramızda. Sonrasında, benzeri bir beraberliği siz de yaşamadınız mı zaten? Ben... sanmıştım ki..."

"Ne sanmıştın? O ve ben, en yakınların seni aldatıyorlar, öyle mi?"

"Levent'le aramızda sözünü ettiğin türde bir ilişki olmadığından, beraberliğinizi aldatılma şeklinde algılamam anlamsızdı."

"Yalnızca sırdaşıydım ben onun! Seninle paylaşamadıklarını paylaştığı bir dert ortağı, başını omzuna yaslayıp ağlayabileceği candan bir arkadaş... Hepsi bu! Bir erkeğin, hem de onun gibi enine boyuna, iri cüsseli bir erkeğin hıçkıra hıçkıra ağlayabileceğine, görmesem inanmazdım."

"Neden bana değil de sana ağladı peki, neden bana bu konuda tek söz etmedi? Ufacık bir imadan bile kaçındı, cılız bir ışık bile sızdırmadı dışarıya..."

"Gözünü açıp bakmasını bilseydin, görecektin. Küçük ayrıntılardı belki, ama onları birleştirip bütüne vardığında kavrayacaktın neler olduğunu. Yapmadın. Gürültülü patırtılı, göz kamaştırıcı parlaklıkta bir alevin seni sarıp sarmalamasıydı beklediğin. Oysa bedeninin çevresinde harelenen kıvılcımlar, devasa bir aşkın küçük, umarsız iletileriydi."

"Tek suçlu benim yani... Böyle düşünmek, bana karşı yapılacak en büyük haksızlık. Üstüne çifte kilit vurulmuş kapalı bir kapının ardında neler var, bilemezdim. Bana açık açık anlatmadığı için, o da en az benim kadar suçlu değil mi?"

"Ne yazık ki, konuşma özürlüydü arkadaşım! Tek kusuru da buydu galiba. Kendince haklı nedenleri vardı gerçi... Korkuyordu! Seni tümüyle kaybetmekten, reddedilmekten; arkadaşlığından, dostluğundan, hepsinden önemlisi, yakınında olamamaktan... Bunları göze alamadı. Sustu."

"Sen neden anlatmadın bana? Onun yapamadığını sen yapabilirdin."

"Kaç kez denedim, her seferinde karşı çıktı. Hem, ona ait bir sırrı açıklamam da yakışık almazdı... Umudunu yitirmedi hiç! Sen,

Haldun Hoca'yla yakınlaşmaya başlayana kadar... Sizi bir arada gördüğü ilk gün, ipler kopuverdi. O sıralar ailesiyle de sorunlar yaşıyordu Levent. Kapıyı vurup çıktı, Soner'in yanına taşındı. Üç ay kaldı orada, oradan gidip geldi okula."

"Ne biçim bir sırmış bu böyle? Soner, sen, belki başkaları da... Hepiniz içindesiniz, bir ben haberdar değilim bu gizemli aşktan."

Suçlu suçlu başını öne eğiyor İlkay.

"Haklısın. Sınıfın yarısından çoğu, sinema şeridi gibi izliyordu yaşananları. Levent, sen, Haldun Hoca ve ara yerde dolanıp duran ben..."

"Geç kalmış sayılmazdı aslında. Haldun'la ilk adımı atmanın öncesinde açılabilirdi bana, gireceğim yoldan geri çevirebilirdi."

"Çetin rakibe toslamıştı arkadaşım. Umutsuzdu, silahlar eşit değildi çünkü. Bir tarafta kariyerinde zirveyi zorlayan, başarılı bir öğretim üyesi, diğer yanda çömez bir resim bölümü öğrencisi. Yıldırım hızıyla gelişiyordu olaylar... Nişanlanıverdiniz Haldun Hoca'yla. Mezuniyetin ardından da düğün... Hepimiz oradaydık da, bir tek Levent gelmemişti, hatırlarsan."

"Ardından da her birimiz bir yana savruluverdik."

"Kaçınılmaz son! Bu konuya kısa bir ara verip günümüze dönersek... Kocandan niye ayrıldın sen? Hem de yirmi küsur yıllık, dışardan bakıldığında ideal evlilik olarak nitelenebilecek bir beraberlikten sonra..."

Eskilerin ezici baskısından kurtulup güncele dönmenin verdiği rahatlamayla gülümsüyorum.

"Aşk temeline oturtulmuş bir evlilik değildi bizimki, zaman içinde yıpranmaya açıktı. Önceleri var olan ya da var olduğu sanılan ten uyumu, yıllar geçtikçe eriyip yitiyor... Bedenlerin birbirini itelediği, reddettiği, beyin hücrelerinin uyumsuz titreşimlerle sarsıldığı dönüşsüz kavşağa gelindiğinde, son noktanın konulması kaçınılmaz oluyor. Hele arada bağ oluşturacak çocuklar da yoksa... Tıpkı bizde olduğu gibi!"

"Peki, arada aşk yoktuysa neden evlendin Haldun Hoca'yla? Hem de apar topar, ateşe düşmüş gibi, aceleyle..."

Sıradan gibi görünse de, benim için yanıtlanması en güç soru bu! Ama kartları açtık artık... Kendi kendime bile itiraf etmekten kaçındığım gizi açıklamanın zamanıdır.

"Ben Haldun'la, Levent'e inat olsun diye evlendim!"

Dilimin ucuna gelen yakıcı sözcüklerin, dudaklarımın arasından fırlayıp sivri uçlu oklar gibi İlkay'ın yüzüne saplanışını, onun şaşkınlıkla, "Ne!..." diye haykırışını buruk bir keyifle izledikten sonra, gerekçelerimi açıklamaya koyuluyorum.

"Senin de söylediğin gibi, ulaşılması zor, ailesinin fazlaca şımarttığı; çevresinden gelen abartılı övgülere, hayranlık dolu bakışlara alışık, nadir bulunan bir tek taştım ben. Nadire'ydim! Ancak, duygusal anlamda sandığın kadar da kör değilimdir. Güzel sanatların herhangi bir dalını seçmiş birinin duygu fakiri olabileceğini nasıl düşünürsün? İç dünyamı dışarı yansıtma becerimin kısır oluşu, dışardan bakanlarda böyle bir izlenim yaratıyordu yalnızca.

Bilirsin, bizim zamanımızdaki aşklar, bugünkü boyutlarda yaşanmıyordu. Şimdikiler gibi, iki gün çıkıp üçüncü gün tensel yakınlığın derinliklerine dalmak yoktu bizde. El ele tutuşmak bile büyük olaydı. Platonikti bizim aşklarımız...

Levent'le iki yıllık tanımlanmamış beraberliğimiz ise, daha önce yaşadıklarımdan çok farklıydı. Yüreğini açmak bir yana, tüm duygularını küçücük bir hücreye hapsetmişti sanki. Çok iyi anlaşıyorduk, dünyanın en iyi arkadaşıydı benim için. Ama beni taçlandıracak, yüceltecek tek söz çıkmıyordu ağzından. Alışık değildim böyle bir duruma. İçin için merak etmekten kendimi alamıyordum; varlığım hiç mi etkilemiyordu onu? Başkalarıyla konuşurken bana çevirdiği bakışlarında ara ara yakaladığım yumuşama dışında hiçbir sıcaklık yoktu ilişkimizde. Söylesene İlkay, böyle bir insanın beni seveceğini nasıl düşünebilirdim? Yanlış anlama, bu yönde hiçbir beklentim yoktu. Dostluğumuz yetiyordu bana. Ancak o dostluğu seninle de paylaşmaya başlayınca... Hiçbir farklılığımın kalmadığını düşündüm.

Haldun da tam bu bocalama döneminde çıktı karşıma. Başlangıçta, öğrenci hoca ilişkisi dışında hiçbir öngörüm yoktu. Ancak, herkesin gözünde erişilmez bir yere sahip yakışıklı hocamızın bana gösterdiği özel ilgi, okşayıcı övgüler, nicedir pençesinde kıvrandığım susamışlığıma ilaç gibi geldi. O hassas dönemimde, can simidi niyetine sarıldım Haldun'a. Odasında çay içmeler, gitgide uzayan sohbetlerimiz... Ve bir gün, Levent'le aramızda ciddi bir ilişki olup olmadığını soruşu!

Yok, dedim. Yalan mıydı? Yoktu işte...

Bana kalsa, aramızdaki yakınlaşma o noktada donuverecekti. Haldun, okulda açılan resim sergisine gelen annemle ve babamla tanışmasaydı... Bir anda kontrolümden çıkıverdi olaylar. Haldun'un evlenme teklifi, ailem tarafından memnuniyetle onaylanmıştı çünkü. Gerisi de çorap söküğü gibi geldi..."

"Vay be!!! Levent'e nispet yapmak için Haldun Hoca'yla yakınlaştın ve sırf ona inat, evleniverdin ha... İnanılacak gibi değil. Hatanın nerede olduğunu söyleyeyim sana: Nispet yapmak için yanlış insanı seçmişsin sen, ateşle oynamışsın... Haldun Hoca bu, tuttuğunu koparmadan bırakır mı hiç?"

"Doğru. Girdiğim yolun dönüşü yoktu, yürümek zorundaydım."

"Ya yüreğin? O ne diyordu? Levent gibi, sen de içten içe seviyor muydun onu?"

"İnanır mısın, bu konuda hiç yüzleşmedim kendimle. Levent'in duygularını mercek altına aldım da, benimkileri sorgulamadım hiç. Alacağım yanıttan korktuğumdan belki... Bir tür korunma içgüdüsü, anlayacağın."

"Tabii ya... Karşılıksız aşk sonucuna varmak, Nadire'yi yıkardı, değil mi? Tek taş pırlantaya aşk acısı çekmek yaraşır mı hiç? Böylesi acılar, Levent gibiler içindir...

Ah Nadire, ah! Boşa harcanmış yaşamlarınıza yazık olmadı mı? Sen kördün, göremedin. Beriki dilsiz! Dillendiremedi yüreğindeki talanı. İkiniz... El ele... Göremediklerinizi, dillendiremediklerinizi sonsuza dek suskun kalmaya mahkûm ettiniz."

"Aşk, yürekle dil arasında ince bir çizgi. Yalnız yürekte yaşamak yetmiyor, ancak dile dökülünce karşıdaki için anlam kazanıyor. İşte o çizgiyi aşamadık biz...

Ama ben, kendi ölçülerim içinde yarattığım tek kişilik dünyamda mutlu olmayı başardım. Seninle konuşuncaya kadar da eskilere dönüp kafa yormadım hiç. Şimdi, düşünüyorum da... Levent'le harika bir çift olurduk galiba. Hayat dolu, yaşamın her karesinden zevk alabilecek yapıda iki kişi... Olmadı. Bu saatten sonra, bunları konuşmanın da yararı yok zaten."

"Zararı da yok ama. Başlamışken konuşalım... Daha sonra hiç karşılaştınız mı Levent'le?"

"Hayır."

"Belki haberin olmuştur, mezuniyetten iki ay sonra babasını kaybetti. Yüklüce bir miras kaldı kendisine. Bilirsin, parada pulda gözü yoktur. Çekti, Sapanca'daki çiftlik evine gitti. Yıllarca kapandı kaldı orada. Evlenmedi... On yılını çiftlik evinin duvarları arasına gömdü. Sonra, kendini toparlayıp inzivadan çıktı.

Evlenmiş... Sanma ki seni unuttuğundan! Hayatına yön verebilmek için evlendi benim arkadaşım... Eşi Antalyalı. Orada bir sanat galerisi açmışlar."

"Bakıyorum, iletişiminiz sürüyor..."

"Eskisi kadar değil. Evlenmeden bir ay önce, çiftliğine davet etti beni. Fransa'dan tatil için gelmiştim, İstanbul'daydım. Kalktım gittim. İnziva günlerinin ürünü tablolarını gösterdi bana. İlginçti, çok ilginç..."

"Ne yönden? Tarzını mı değiştirmiş?"

"Hayır. Hani her tablosuna ille de bir göz iliştirirdi ya... O gözler büyümüş, büyümüş; tabloların tümünü kaplar hale gelmişler. İfadeleri farklı; hüzünlü, neşeli, mutlu, mutsuz, sitemli, gülen, ağlayan... Ama hepsi aynı.

Senin gözlerindi onlar Nadire! Evin her köşesinden, duvarlardan, dört bir yandan sen bakıyordun bana.

En çarpıcı olanını da sona saklamış. Üstündeki kadife örtüyü kaldırdığında şaşkınlıktan donakaldım. Harika bir tabloydu, çok başarılı bir çalışma. Diyagonal olarak sıralanmış bir nota dizisini düşün... Her bir nota küreciği ***göz***'den oluşuyor... Senin gözlerinden!

'Tablonun adı, ***Söylenmemiş Şarkılar***,' dedi. 'Söylemediğim, dilimin ucuna gelip de söyleyemediğim tüm şarkılarımın notalarını tabloma gömdüm. Onlar benim en değerli hazinem. Hayatıma kaldığı yerden devam edebilirim artık...'

Yaşama yeniden, işte böyle döndü Levent. Söylenmemiş şarkıların gölgesinde, göz göz olmuş yüreğiyle..."

Derin bir soluk alıyor İlkay.

"Bunları bilmen gerekiyordu Nadire," diyor. "Geç de olsa anlatmalıydım sana."

Yemeğin sonuna geldik. Hafiflemiş görünüyor İlkay. Yıllardır omuzlarında taşıdığı yükten kurtulmanın rahatlığı içinde. Bense, onun silkeleyip attıklarını yüklenmiş, ancak bu yükün tümünü burada, Paris'te bırakmaya kararlı, otel odasında geçireceğim upuzun, uykusuz bir geceye hazırlanıyorum...

Sana gelince Paris...

Yaptın gene yapacağını!

İpinle kuyuya inilmiyor. Eros'un oklarını hangi yönden savuracağın belli değil. Bir anda onlarca yıl öncesine götürebiliyorsun insanı.

Farkındayım, ***Söylenmemiş Şarkılar***'a bayıldın! Bıraksam, havada kaparsın. Eski yeni, tüm âşıklarının kulaklarına fısıldamak için...

Ama onları sana veremem!

Zamanında söylenmemiş, bundan sonra da asla söylenemeyecek o şarkıların notalarının yeri, benim yüreğim.

İzin ver, bende kalsınlar...

CİNAYET MAHALLİNDE DEĞİLDİM HAKİM BEY

AŞK CİNAYETİ- Geçtiğimiz yıl iflas eden işadamı Mecnun K. (34), altı yıllık eşi Leyla K. (30)'yı boğarak öldürdü. Cinayetin nedeni kıskançlık. "Karıma âşıktım! Çok seviyordum onu..." diyen Mecnun K., namusunu temizlediğini söyledi. / Gazetelerden

Cinayet mahallinde değildim Hakim Bey.
AŞK ve CİNAYET, aynı ortamda bulunabilir mi hiç?
Rica ediyorum sizden, adımı kullanmasınlar lütfen.
Dediğim gibi, orada değildim.
Çünkü, çok daha önce öldürmüşlerdi beni...

"Daha nen olayım isterdin,
Onursuzunum senin!"

Mecnun, Cemal Süreya'nın dizelerini Leyla'nın kulağına fısıldarken, oradaydım ben.

İlk göz göze gelişinizde, ellerinizin ilk kenetlenişinde... Yanınızdaydım. Gözlerinizle, dudaklarınızla birbirinizi içerken, aranızdaki bendim.

Umutlandırdınız, yüreklendirdiniz beni. Yozlaşmış ilişkilerin doludizgin yaşandığı günümüzde, Fuzûlî' nin Leyla ile Mecnun'una özdeş, yeni Leyla ve Mecnun'lar olabileceğine inandırdınız.

Yücelttiniz, eski saltanatını yitirmeye yüz tutmuş bu gariban AŞK'ı!

Bir araya gelmek için, önünüze çıkan engelleri aşarken, en büyük destekçiniz, itici gücünüz bendim yine...

Bana yaslanarak çıktınız yola. Upuzun bir yol olmasını diliyordunuz, sonsuza dek sürmesini...

Şiir tadında geçiyordu günleriniz. Her dakikayı, her saniyeyi benimle paylaşıyordunuz çünkü. Bir de yüreklerinize dokunan dizelerle...

Cemal Süreya diyor ki, diye başlıyordun sen, Mecnun. Sana ait olmayan, senin yazmadığın dizelerle Leyla'yı kucaklarken.

"... Ben seni düşünüyorum, seni
Hani tıpkı o ilk günlerdeki gibi
Kalbim diyorum, kalbim
Daha dün tezgâhtan çıkmış bir su sayacı gibi.

Aşkı anılar besliyor, düşler kadar
Bu yüzden diyorum ki, aşk eskidikçe aşktır
Sevgi eskidikçe sevgi..."

Gurur duyuyordum sizinle. İnanıyordum; aşk eskidikçe aşk, sevgi eskidikçe sevgi olacaktı ikiniz için. Ve biz, birbirimizden hiç ayrılmayacaktık. Ne yaşanırsa yaşansın, üzerinden kaç yıl geçerse geçsin...

Beraber olgunlaşacaktık. Yakıcı tutkular, dingin sevdalara bırakacaktı yerini. Ama biz asla çözülmeyecek, asla tükenmeyecektik.

Biz! Leyla, Mecnun ve AŞK...

Ne oldu sonra? Ne oldu da, beni aranızdan çıkararak, "dillere destan bir aşkın âşıkları" kimliğinden sıyrılıp iki amansız düşman haline geliverdiniz?

Biliyorum aslında, en yakın tanığıyım; birdenbire değil, adım adım gelişti olaylar...

Leyla'ya ilk tokadı attığın günü hatırlıyor musun Mecnun? Aranızdaki büyüyü tümüyle bozmasa da epey yıpratan, sevdanızın üzerine kapkara bir bulut gibi çöküveren o uğursuz tokadı... Üçümüz de donup kalmıştık. Üçümüz de şaşkınlık içindeydik.

O gece birbirinize sırtınızı dönüp yattığınızda, aranızdan sıyrılıp çıktım. İlk kez... Ama ayrılmadım oradan. Çekip gidebilirdim, gitmedim. Açılan derin yarayı onarıp yeniden bana koşacağınızı umuyordum çünkü.

Sabırlıdır AŞK! Ama bir o kadar da kırılgan...

Neyse ki ilk darbeyi çabuk atlattık. Aranızda oluşan ince çatlak içten içe varlığını sürdürse de, kaldığımız yerden devam ettik birlikteliğimize.

Ama sen değişmiştin Mecnun! Aşkın özverili, hoşgörü ve güvenle beslenen yanını yok sayıp, sahiplenici ve bencil yüzüne çevirmiştin yönünü. Deliler gibi kıskanıyordun Leyla'yı. Yaşam alanını daraltıyordun, soluk aldırmıyordun ona.

Soluksuz kalmış bir yürekte aşkın da yaşayamayacağını nasıl düşünemedin?

Bana da yansıyordu bu durum. Gitgide soluyordu rengim. Farkında bile değildiniz ama, yavaş yavaş yitiriyordunuz beni. İnanmıyordunuz artık bana, önemsemiyordunuz. Gene de pes etmedim, direndim. Leyla'nın hatırına! Onun yüreğinde kalmış sevgi kırıntılarını yaşatabilmek için...

Her şeye rağmen, senden de umudumu kesmemiştim Mecnun. Aramızdaki ipleri tümüyle kopardığın o geceye kadar!

Onlarca aday arasından seçip çıkardığın yeni sekreterinle önce akşam yemeğini, sonra da upuzun bir geceyi paylaşmıştınız otel odasında. Aranızda olmadığımı söylememe gerek yok sanırım.

Aşksız, sevgisiz, geçici bir maceraydı senin için. Ne var ki, bu kadarı bile beni yıkmak için yeterliydi.

Verebileceğim tek ceza, seni AŞK'sız bırakmaktı. Öyle de yaptım. Ne gecelik ilişkilerinde, ne de Leyla'yla aranızda durmuyordum artık. Aşksız ve ruhsuz bedenlerin sıradan birleşmelerine indirgenmişti sevişmeleriniz.

Umurumda bile olmadı bu... Ancak, benden gelmesi gereken darbe, hiç beklenmedik bir yerden, umulmadık bir anda yaşamının ortasına iniverdi.

Eskilerin bir lafı vardır, pek severim...

"İşyerinde aşna fişne, bereketi kaçırır!" derler. Seninki de o hesap. Dışarıda yaşadığın çarpık ilişkileri çalıştığın yere taşıyınca, olanlar oldu. İflas ettin!

Yürekli kadınmış Leyla! Dar zamanında tüm gücüyle arkanda durdu. Yaşadığınız olumsuzlukları bir yana itip destek oldu sana. Evin yükünü omuzlamaktan yüksünmedi.

Yeniden umutlanmıştım. Arkamı dönüp çıkmayı düşünürken, bir köşeye sinip gelişmeleri izlemeyi yeğledim.

Kördün sen, kördün! Leyla'nın seni ve beraberliğinizi düze çıkarmak için nasıl çabaladığını göremedin. Üç kuruş fazla para kazanmak uğruna gece geç saatlere kadar çalışan, yorgun argın eve döndüğünde yüzüne iliştirdiği iğreti gülücüklerle seni avutmayı görev edinmiş yiğit Leyla...

Ne yanıt verdin bunca özveriye?

Minnet... Övgü... Teşekkür...

Hiçbiri! Tam tersine, yaptığı işi küçümsedin, aşağıladın onu; kırdın, parçaladın, içinde kalmış son sevgi kıvılcımlarını da eritip yok ettin.

Kendinle gurur duyabilirsin!

Ve o gece...

İşi uzamıştı Leyla'nın, her zamankinden de geç geldi eve. Kapıdan içeri girer girmez, ağzını açmasına fırsat bırakmadan çullanıverdin üstüne. Tekme, tokat; Allah ne verdiyse...

Örselenen, bedeninden önce yüreğiydi Leyla'nın. Onulmaz yaralarla kanayan yüreği...

Benimse, evinizdeki son gecemdi. Koynunuza beni değil, NEFRET'i almıştınız çünkü. Nefretin olduğu yerde soluk alamazdım ben.

Sokak kapısından, dar attım kendimi dışarıya...

Öldürdünüz beni!

Sizin için yokum artık. Bir daha asla yüzümü göremeyeceksiniz.

Koşun... Koşun...

Aşksız, yavan bir yaşam sizleri bekliyor.

* * *

"Ellerindi ellerimi tutan
Ellerimdi ellerinden tutan."

Umarım hatırlıyorsundur Mecnun, Edip Cansever'in dizeleriyle tutmuştun Leyla'nın elini.

Nerede o eller? Ben aranızdayken, yüreklerinizden birbirinize akan sevgiyle yaprak gibi titreyen, yumuşacık parmaklarınız... Nasıl oldu da kaskatı kesilip birer canavara dönüşüverdiler?

Duydum ki Leyla'yı, Leyla'nı, Leyla'mızı boğarak öldürmüşsün Mecnun!

Duydum ki, "Karıma âşıktım. Onu çok seviyordum!" demişsin. Namusumu temizledim, diye de temize çıkarmaya çalışmışsın kendini.

Çok üzüldüm, kahroldum. Ama hepsi bu kadar.

Yargılayamam seni. Böyle bir hakkım yok.

Ancak... Bir itirazım var!

Gerçekleştirdiğin eyleme adımı karıştıramazsın Mecnun!

Benim adım AŞK!

İşim olmaz cinayetle. Aynı cümlede geçemez adlarımız. Benim bulunduğum yerde o, onun bulunduğu yerde ben barınamayız.

"Aşk cinayeti," demişsin utanmadan.

Yakıştıramadım sana. İnan, cinayet işlemekten bile büyük bir cürüm bu.

Bil ki hakkımı arayacağım. Adımın üzerindeki lekeyi silmek, bugüne kadar yaşanmış ve bundan sonra yaşanacak tüm AŞK'lar adına, boynumun borcudur.

Mahkeme salonları, bana göre yerler değil. Ama bu kez durum farklı. Duruşma günü orada olacağım. Sesimi yükseltip savunacağım kendimi.

Tabii dinleyen olursa...

Cinayet mahallinde değildim Sayın Hakim.
AŞK ve CİNAYET, aynı ortamda bulunabilir mi hiç?
Rica ediyorum sizden, adımı kullanmasınlar lütfen.
Dediğim gibi, orada değildim.
Çünkü, çok daha önce öldürmüşlerdi beni...

BİR ÇAY, BİR POĞAÇA

Daha fazla kalamazdı orada. Çantasını kaptığı gibi, avukatlık bürosundan dışarıya attı kendini KADIN. Asansöre binmedi, tüm hırsını yedi katın merdivenlerinden alır gibi, ikişer üçer atladı basamakları.

Hanın kapısında bir an duraladı. Bu haliyle kimse görmemeliydi onu. Elleriyle yüzünü gözünü sıvazladı, saçlarını düzeltti. Çantasını açıp koyu renk güneş gözlüğünü çıkardı, taktı. Soğuk bir akşamüstünün telaşlı kalabalığına karışıverdi...

Yüzünü ayaza verip hızlı adımlarla yürürken, her gün, her gün; çekilir mi bu azap, diye geçirdi içinden.

İyiden iyiye azıtmıştı artık ADAM. Tek başlarınayken neyseydi de, çalışanlarının yanında aşağılanmak ağırına gidiyordu KADIN'ın. Azarlar gibi bir konuşma tarzı, her fırsatta hakaret... Olacak iş miydi? Bu tür davranışları hak edecek ne yapıyordu KADIN?

Eksik bir yanı da yoktu üstelik, o da kocası gibi avukattı. Sahibi oldukları hukuk bürosunda -sözüm ona- beraberce çalışıyorlardı. Tüm şartların eşit olması gerektiği böyle bir ortamda kocasının patronluk taslamasına karşı çıkmıyordu da, onca çalışanın arasında, kendi yarattığı sudan gerekçelerle bağırıp çağırmasına dayanamıyordu artık.

Huysuzluğunun zirvesindeydi bugün ADAM. Yaptığı telefon konuşmasının ardından, bir güzel haşlamıştı karısını. Kendisi yokken müvekkiliyle görüşmek, ne haddineydi KADIN'ın! Büyük davaymış üstlendiği, onun aklı ermezdi böylesine.

"O küçücük beyninle işime burnunu sokma, avukat bozuntusu!" diye bas bas bağırmıştı büronun ortasında. "Boşanma davaları başından fazla! Zırıl zırıl ağlayan sümüklü kadınlarınla uğraş sen, benimkilere dokunma..."

Bu davranışın altında yatanı çok iyi biliyordu KADIN. Ama söyleyemedi. "Müvekkilini sattın, karşı tarafla pazarlık ediyorsun!" diyemedi kocasına. Yuttu hepsini, daha öncekileri yuttuğu gibi...

Bunlar yaşanırken, yanlarında staj yapan iki genç avukattan, gözlerine çektiği sürmeden dolayı tüm iş hanında adı SÜRMELİ'ye çıkmış o hoppa kız, belli belirsiz kıkırdamış mıydı, yoksa KADIN'a mı öyle gelmişti...

Ne zamandır ADAM'ın SÜRMELİ'ye davranışlarında bir gariplik seziyordu zaten. Çarpık ruh yapıları benzerlik taşıyanların, doğal yakınlaşması... Çok geçmez, sevgili de olurdu bunlar.

"Canları cehenneme!" dedi yüksek sesle, yanından geçen orta yaşlı adamın şaşkın bakışlarına aldırmadan.

Önlerinden hızla geçtiği dükkânlardan birinin vitrinindeki aynaya ilişti gözü... Berbat görünüyordu. Bu halde eve gidemezdi. Çocuklar okuldan dönmüşlerdir, diye geçirdi aklından. Gerçi alışmışlardı ama, annelerini ağladı ağlayacak kıpkırmızı bir suratla ne kadar az görseler, o kadar iyiydi.

Az ilerdeki pastanenin önünde durdu. Girmekle girmemek arasında kararsız, camın gerisinden içeriye doğru baktı... Evet evet, oturur bir çay içer, toparlanır, öyle giderdi eve.

Pastanenin kalabalık saatiydi. Randevulaşıp buluşanlar, alışveriş sonrası yorgunluk atanlar, eve gitmeden çay kahve molası vermeyi yeğleyen çalışanlar... Sevgililer, eşler, dostlar, arkadaşlar...

Kendini ayrık otu gibi hissetti KADIN.

Kadın, erkek, genç, yaşlı... İnsanların hiçbiri kaçmak, gizlenmek, sığınmak için gelmemişti buraya. İşi yoktu onların arasında. En iyisi, dönüp gitmekti.

Masaların hepsi doluydu zaten. Kapıya doğru yürürken, takım elbiseli, beyaz gömlekli, papyon kravatlı bir garson, nazikçe yolunu kesti.

"Şu köşedeki masa boşalmak üzere," dedi. "Hesap istediler. Oraya alalım sizi."

İki dakika sonra da, "Buyurun," diye önüne düştü KADIN'ın. Sandalyesini çekip oturmasına yardım etti. Kendisinden daha genç bir garsonu çağırıp bir önceki servisleri toplattı, masanın örtüsünü değiştirtti.

"Kusura bakmayın," dedi. "Sizi temiz bir masaya almak isterdik ama, yoğunluktan dolayı bu tür aksaklıklar olabiliyor."

Masasını beğenmişti KADIN. Bir yanı duvara, diğer yanı sokağa bakan köşeye yerleşince, herkeslerden soyutlayıvermişti kendini. Pastane boş da olsa, bu masayı seçerdi.

"Ne arzu edersiniz?" diye sordu GARSON.

"Çay," dedi KADIN.

Bu kadar ilgi ve nezakete karşılık, az bulmuş gibi, "Bir de poğaça," diye ekledi. "Evet, bir çay, bir poğaça."

"Poğaça neyli olsun? Kaşar ve beyaz peynirli, zeytinli, kıymalı, patatesli..."

Gülüverdi KADIN. Yaşamı içindeki tüm tercihlerini yanlış yönde kullanmış biri için, ne gerek vardı bunca seçeneğe...

"Fark etmez," diye gülümsedi belli belirsiz. "Siz hangisini önerirseniz..."

"Madem bana bırakıyorsunuz, kaşarlı ve susamlı poğaçamızdan ikram edelim size. Umarım beğenirsiniz."

GARSON'un alışılmışın ötesine taşan saygılı, nazik ve sıcak davranışı, onca itilip kakılmanın ardından, ilaç gibi gelmişti KADIN'a. Ne var ki çok sürmedi bu meltem esintisi. İçindeki amansız kışın göbeğine, doludizgin dalıverdi yeniden.

Kimim ben? Çevremdekiler için ne ifade ediyorum? Kocam, çocuklarım, meslektaşlarım, müvekkillerim, yanımda çalışanlar, arkadaşlarım, dostlarım... Onların yaşamının neresinde, ne derece yer alıyorum?

Boşuna çabalama avukat hanım! Sen bir JOKER'sin! O cicili bicili, albenili kart, iskambil kâğıdı dizisinin neresine konulsa işlev görür ya... Seninki de o hesap!

ANNE'sin. Çocuklarına karşı sorumlu, onların her türlü gereksinimini düşünmek durumunda olan bir anne.

KADIN'sın. Kocanın hoyrat arzularına yanıt vermek zorunda bir kadın.

EŞ'sin. Eşi olduğun insan sana eş değeri vermese de.

AVUKAT'sın. Mesleğini dürüstçe, etiğe uygun bir tarzda yürüten başarılı bir avukat. Öylesine başarılı ki, kıskananların başında kocan olacak o ADAM geliyor. Ve belki de tüm hırçınlıklarını bu yüzden sergiliyor.

Yanı sıra ARKADAŞ'sın, DOST'sun. Beraber olmaktan haz aldığın o kişilere kendinden bir şeyler vermek ve zaman ayırmak durumundasın.

Bir tek SEVGİLİ olamadın sen! Bir zamanlar olduğunu sandın, ama asla olamadın...

GARSON'un gelişiyle düşünceleri bölünüverdi KADIN'ın.

"Sormamıştım ama, çayınızı fincanda değil bardakta getirdim."

"Sorsanız da öyle olmasını isterdim zaten, teşekkür ederim."

İnce belli bardaktaki tavşankanı çayla porselen tabaktaki dilimlenmiş sıcacık poğaça yüzüne gülüyordu sanki.

Şu anda JOKER değildi KADIN!

Kendisi için farklı bir şeyler yapıyordu çünkü...

✣ ✣ ✣

O günden sonra sık sık pastaneye gelmeye başladı KADIN. Bu kısacık soluklanmalar, örselenmiş kişiliğini onarıcı, psikoterapi seanslarıydı sanki.

Şansına, köşedeki masa boş oluyordu geldiğinde. Geçip oturuyor; GARSON'un, önünde saygıyla eğilerek yönelttiği, "Ne arzu edersiniz?" sorusuna aynı yanıtı veriyordu hep: "Bir çay, bir poğaça."

GARSON da alışmıştı yeni müşterisine. Daha içeriye girer girmez çayını, poğaçasını hazırlatmak geliyordu içinden; ancak, saatin tiktakları gibi işleyen düzenlerini bozmamak için sabırla bekliyordu.

Alacağı yanıtı bilse de hiç yüksünmeden, ilk günkü saygısıyla, "Ne arzu edersiniz?" diye soruyordu. "Her zamanki gibi mi?" türünden, aralarındaki müşteri-garson ilişkisini sıcaklaştıracak girişimlerde bulunmayı aklından bile geçirmiyordu.

Siparişini aldıktan sonra, camlı vitrinin ardındaki gözüne en güzel görünen, susamı en bol poğaçayı işaretliyordu servisleri hazırlayan kıza.

"Şunu ısıt. Müşteri özel..."

KADIN'ı onun gözünde "özel" kılan neydi, bilmiyordu. Düzgün giyimli, ciddi görünümlü, kendi halinde... Her gün onlarcasına hizmet verdiği kadınlardan biriydi işte.

Yakınlarda bir yerde çalışıyor olmalıydı. Sol elinin yüzük parmağında alyans taşıdığına göre evliydi. Güzeldi... İnce uzun bedeni, düzgün yüz hatları, zarif hareketleriyle soylu bir güzelliğe sahipti. Ancak, koyu renk gözlük camlarının ardına gizlediği gözleri hakkında hiçbir fikri yoktu GARSON'un.

Asıl ilgisini çeken, KADIN'ın dış görünüşü değil, gizemli ve mahzun duruşuydu galiba. Nezaket gereği dudağının kenarına iliştirdiği göstermelik gülümsemeler dışında, bir kez bile gülerken görmemişti onu. Bir derdi var, diye düşünüyordu GARSON. Onu yaşama küskün kılan, çok önemli bir sorun...

KADIN'ın poğaçasına dokunmadan çayını yudumladığı, sigara üstüne sigara yaktığı bir gün, masaya yaklaştı.

"Çayınızı tazeleyelim mi?"

Gözlüğünü çıkarıp masanın üzerine bırakmıştı KADIN, gözlüksüzdü.

KADIN'ın yüzünü çıplak haliyle ilk kez görüyordu GARSON, ilk kez buluşuyordu gözleriyle. Beyazlarına kan oturmuş, yosun yeşili iki ateş parçası... Ağlıyordu galiba. Garip bir ağlamaydı bu, gözlerinin beyazı kırmızıya kesmişti de, tek damla yaş inmiyordu kirpiklerinin arasından.

Suçüstü yakalanmış gibi, çarçabuk gözlüğünü takıverdi KADIN.

"İyi olur," dedi iğreti gülümsemesiyle. "Bir çay daha alabilirim."

Çay ocağına doğru yürürken kendisine lanetler yağdırıyordu GARSON, istemeden de olsa incitmişti onu. Madem çevresine görünmez duvarlar örmeyi, madem iç dünyasını kapkara camların ardına gizlemeyi yeğliyordu KADIN, o dünyanın içine sızmaya hakkı yoktu.

Çayını masaya götürdüğünde başı önünde, gözleri yerde, bağışlanmayı diler gibi sessizce eğildi KADIN'ın önünde. Gördüklerini, gördüklerinden çıkardığı sonuçları unutmaya hazır olduğunu vurgulamak ister gibi...

Ertesi gün görünmedi KADIN.

GARSON, akşamüzeri tam da onun geldiği saatlerde, köşedeki masayı boş tutmaya çalıştı; başka masalara yönlendirdi müşterileri.

O akşam, pastanenin o köşesi, boynu bükük kaldı GARSON'un gözünde...

Sonraki akşam, her zamankinden geç bir saatte, kapının önünde beliriverdi KADIN.

GARSON koştu, kapıyı açıp, "Buyurun," dedi. Ve durduğu yerde çakılıp kalıverdi. Karşısındaki tablo kanını dondurmaya yetmişti.

Gözlük camlarının örtemediği morluk, elmacık kemiklerinin altına kadar inmişti KADIN'ın. Dudağının kenarındaki kızıl yarayla bütünleştirildiğinde, puzzle tamamlanıyordu.

Yumrukları sıkılı, kendisinin bile güç duyabildiği sesiyle, "Buyurun," diye yineledi GARSON.

KADIN'ı köşedeki masaya götürdü.

"Ne arzu edersiniz?"

"Bir çay, bir poğaça."

Saatin şaşmaz tiktakları, yüreğini deliyordu bu kez GARSON'un. Aldığı komutla harekete geçen bir robot gibi, çay ocağına doğru yürüdü.

"Dövmüş!" dedi dişlerinin arasından. "Hayvan herif! Biz erkekler, hepimiz hayvanız zaten..."

Tüm erkek cinsini, bu arada kendisini de aynı kefeye koymanın haksızlık olacağını düşünerek, "İyi ki herkes onun gibi değil," diye düzeltti. "Örneğin ben... Evlendiğimde, karıma el kaldıracağıma öleyim daha iyi."

Çayla poğaçayı masaya bırakırken, yüzüne bile bakmadı KADIN'ın. Yaşananlarda kendi payı varmış gibi, suçlu suçlu yere dikti gözlerini. Oysa onunla konuşmayı, elinden geldiğince derdine derman olabilmeyi nasıl da isterdi...

Ne var ki, bulunduğu konumda tek bir soru bile soramazdı. Öyle öğretilmişti; garsonluk mesleği, merakla bağdaşmazdı. Fazla merak, müşteriyi rahatsız eder, mekândan uzaklaştırırdı.

Keşke KADIN, onu yüreklendirse de, ufacık bir açık verseydi. O zaman söyleyeceği öyle çok şey olurdu ki...

"Dünyaya bir kez geliyoruz be ablacığım!" derdi. "Değer mi bunları çekmene? Kocan olacak o ADAM, belli ki hıyarın teki, asla hak etmiyor seni. Sırtında yumurta küfesi mi var? İyi bir avukat bul, silkele gitsin..."

Poğaçasına dokunmamıştı gene KADIN. İki bardak çay, yarım küllük dolusu sigara... Ve yüreğindeki sızıyla noktalamıştı günü. GARSON'a ise uzaktan uzağa onun bu sızısına ortak olmak düşmüştü yalnızca...

***

Uzunca bir süre pastaneye gelmedi KADIN, belki de gelemedi. Neler yaşıyorduysa... Her akşamüstü gözleri yolda, onun gelişini bekledi GARSON. Köşedeki masayı boş tutarak, merakla ve içindeki yabansı özlemle...

Aradan iki ay geçti. Gelmeyecek artık, ne olduysa oldu, "bir çay, bir poğaça" sayfasını kapattı, diye düşünüyordu ki GARSON, alışılagelmişin dışında, gün ortasında çıkageldi KADIN.

Gözlerine inanamadı GARSON! Tanımakta güçlük çekti KADIN'ı. Gerçekten de karşısında duran, o muydu?

Görmeye alışık olduğu, koyu renk etek ceket takımların yerini almış siyah deri pantolon, gece mavisi ipek gömleğiyle, yüksek ökçeli ayakkabılarının üzerinde sekerek yürüyen KADIN'a hayranlıkla baktı GARSON. Gözlükleri yoktu yosun yeşili gözlerinde. Yüzüne hafif, ışıltılı bir makyaj yapmıştı.

Hepsinden önemlisi, gülüyordu! Bedeniyle, yüreğiyle, tüm varlığıyla gülüyordu KADIN...

"Buyurun," dedi GARSON, sesindeki sevinç titreşimini bastırmaya çalışarak. Her zamanki gibi, köşedeki masayı gösterdi.

"Hayır," dedi KADIN. "Bu kez farklı bir masada oturmak istiyorum."

Daha da sevindi GARSON. Pastanenin ön cephesindeki manzaralı, özel müşterilere sunulan en güzel masaya götürdü KADIN'ı. Onun zarif devinimlerle koltuğuna yerleşmesini bekledi. Alacağı yanıttan emin, âdet yerini bulsun diye sordu:

"Ne arzu edersiniz?"

Gözlerinin içine, ta derinliklerine kadar güldü KADIN.

"Bir neskafe, bir dilim çikolatalı pasta!"

Şaşırdı GARSON, kulaklarına inanamadı. Saatin tiktakları tersine işliyordu. Hemen toparladı kendini.

"Neskafeniz sütlü mü olsun, sade mi?"

"Siz nasıl önerirseniz."

İçini tarifsiz bir sevinç kapladı GARSON'un. Bunca yıllık meslek deneyimine dayanarak, kahve içiminde herkesin özel bir tercihi olduğunu biliyordu. KADIN'ın onun önerisine bırakması, GARSON'a verdiği önemin göstergesiydi.

Bunca zamandır hiç konuşmamışlardı. Ama KADIN'ın buraya geldiği ilk günden şu ana kadar yaşadığı her şeyi tek tek paylaşmışlardı sanki.

"Bir çay, bir poğaça"nın yerini "bir neskafe, bir dilim çikolatalı pasta" aldıysa eğer, kâbus bitmiş demekti.

İster istemez KADIN'ın parmağına gitti gözü. Alyans yoktu!

İşte bu kadar, diye içinden geçirdi GARSON.

Belli ki iyi bir boşanma avukatı bulmuştu KADIN...

YEMİN

Akıl sır erdiremiyordu Çağla; bir insan saatlerce, durup dinlenmeden, soluk almamacasına nasıl konuşur, konuşacak bunca şeyi nereden bulurdu? Önce, anlatılanları dinlediğini kanıtlamak için başını sallayıp yakalayabildiği nadir aralıklara kısa sözcükler serpiştirirken, bundan da vazgeçmişti sonunda. Dinlemiyordu artık, dinler görünüp ertesi sabaha yetiştireceği raporun ana hatlarını çiziyordu kafasında.

Hepsini toplasan incir çekirdeğini doldurmayacak laf kalabalığı; kocası, çocukları, onların okul sorunları, komşuları... Karşısındakini zerrece ilgilendirmeyecek bir sürü ayrıntı. Gülay'ın her zamanki haliydi işte.

Havaalanından dönerlerken, "bir kahve içimi" uğrayıvermişti güya. Ne var ki, bir kahve içimlik sürenin sonu gelmiyordu bir türlü.

Kısa bir soluklanmanın ardından, onca lafı asıl konuya zemin hazırlamak için etmiş gibi, pat diye soruverdi Gülay.

"Sence bizimkiler, rahat dururlar mı oralarda?"

Belliydi ki, kocasının Rusya'ya gidişinden rahatsızdı. Oysa ikisi de aynı konumdalardı. Aynı yere, aynı amaca uğurlamışlardı kocalarını.

İlgisiz duruşunu bir süreliğine rafa kaldırıp, arkadaşını rahatlatıcı bir şeyler söylemesi gerektiğini düşündü Çağla. Ancak buna fırsat bulamadı. Çünkü Gülay, çantasından çıkardığı kâğıt parçasının üzerindekileri tane tane okumaya başlamıştı.

"Moskova'da, Sheremetyevo Havaalanı'na inecekler. Yerel saatle 20.30'da."

"Ne bu?"

"Uçak biletinin fotokopisini aldım. Ne zaman, nerede, ne yapıyor... Hepsini bilmeliyim."

"Sorduğunda yanıt alamıyor musun?"

"Ondan değil, bir tür sınama benimki. Elimdeki bilgilerin dışına çıkıp çıkmadığını denetleme."

"Ne gerek var bunca yorgunluğa? Boş yere yıpratıyorsun kendini."

"Öyle deme. Gittikleri yer Rusya! Rus kızlarının şöhreti de malum..."

"Unutma, bizimkiler gezmeye değil, iş için gittiler oraya."

"Gündüz iş, gece eğlence. Rusya'ya gidenlerin izlediği yol bu. Ama ne eğlence! Erotik şovlar, revüler... Anayurdunda yüksek dozda içilen votkayı da üstüne eklersek..."

"Mekânın ne önemi var Gülay? İsteyen, her yerde yapar yapacağını."

"Zaman ve zemin şeytanın eline geçmeyegörsün! Tıpkı bizimkiler gibi. Beş gün, dört gece... Sözleşmeye imza attıktan sonra kutlama yapmayacak mı bunlar? Hem de ne biçim! Rusya'nın şanına yaraşacak tarzda..."

"Haklı olsan bile, yaşanabilecekleri engelleme şansın var mı?"

"Şaşıyorum sana Çağla! Nasıl bu kadar rahat olabiliyorsun? Hiç mi kıskanmıyorsun kocanı? Bilmesem, onu hiç sevmediğini düşüneceğim."

"Güveniyorum kocama! Nerede, nasıl davranacağını çok iyi bilir o. Bugüne kadar hiç yanıltmadı beni."

"Bu davranış biçimini sonsuza dek sürdüreceği garanti mi? Her şeyin bir ilki vardır Çağla! Erkek milletine güven olur mu hiç?"

"Bizim durumumuz farklı. Asla bozulmayacağına inandığım bir yemin var aramızda."

"Ne yeminler gördük biz... Varsayalım ki arkadaşlarına ya da çevresindekilere uyarak, Rusya gecelerini dibine kadar yaşadı kocan. Ne yaparsın? Tek gecelik bir ilişki için boşanacak değilsin ya..."

"Boşanmaktan çok daha ağır cezalar da vardır Gülay'cığım. Ama, böyle bir durumla karşılaşacağımı hiç sanmıyorum."

"Umarım... Keşke ben de senin kadar emin olabilsem."

Sohbetin derinleşmesi ve gitgide ilginç bir hal alması, Çağla'yı harekete geçirdi.

"Kahve kesmedi," diye yerinden kalktı. "Çayın altını yakayım ben. Ama önce bir şey soracağım sana... Kocan Moskova'da düşündüğün türde bir maceraya atılsa, neler yaşadığını nereden bileceksin? Karıştırdığı haltları gelip sana anlatmasını beklemiyorsun herhalde."

"Anlatmasa da anlarım ben! Duruşundan, davranışından, bakışlarından... Suçluluk akar aldatan erkeğin gözünden. Konuşmakta zorlanır. Sıradan bir şeylerden söz ederken tutulup kalıverir. Mutlaka, ama mutlaka ele verir kendini..."

Benim kocam asla bu hallere düşmez, diyecekti Çağla; demedi. Kendisini peşinen ihanete uğramış sayan arkadaşını daha fazla üzmeye gerek var mıydı?

* * *

Karşılamaya gidemedi Çağla, şirketteki işi uzamıştı. Uçak 17.30'da Atatürk Havalimanı'na inmiş, Volkan da iner inmez Çağla'yı arayıp, "Doğruca eve gidiyorum. Seni çok özledim," demişti.

Çağla anahtarıyla kapıyı açıp içeriye girdiğinde kocası banyodaydı. Yatak odasına geçip oraya buraya fırlatılmış eşyaları sevgiyle, özlemle, okşayarak topladı. Aceleyle mutfağa koştu. Bir akşam öncesinden hazırladığı yemeği fırına sürdü, salata yaptı.

Tam sofrayı hazırlıyordu ki, Volkan banyodan çıktı. Arkasından sarılarak, ensesinden öptü Çağla'yı. Gözlerini kapatıp derin derin kokusunu içine çekti karısının.

"Dünyanın en güzel yeri, senin yanın," diye fısıldadı kulağına.

Çağla'nın sofraya koyduğu şarap kadehlerini kaldırdı.

"Votka içelim bu gece," dedi. "En iyi cinsinden iki şişe Rus votkası getirdim. İkimiz için..."

Her zamanki, ince düşünceli Volkan! Belli ki, orada içtiği votka bile içine sinmemişti... Sıcacık bakışlarıyla sarıp sarmaladı kocasını Çağla. Sofraya oturdular.

Her iş gezisinden sonra yaptığı gibi, Rus heyetiyle aralarındaki görüşmeleri, anlaşmanın imzasına kadar geçen süreçte yaşananları tüm ayrıntılarıyla anlattı Volkan.

"İyi iş çıkardık," dedi. "Şartlarımızın hepsini kabul ettiler. İkili ortaklık gibi görünse de, sözün ağırlığı bizde. Ancak... Bundan sonra sık sık Rusya yollarına düşmemiz gerekecek."

Nedense bu son sözler, garip bir sıkıntı yaratmıştı Çağla'nın içinde.

"Moskova'yı sevdin galiba," dedi usulca.

"Gecelerin şehri Moskova..." diye mırıldandı Volkan.

Bir yerlere dalmış gitmişti sanki gözleri. Onun bu, sayıklamayı çağrıştıran Moskova güzellemesinde, Çağla'yı inciten bir şeyler vardı.

"Gecelerin Moskova'sıyla gündüzlerinki arasında ne fark var?"

Karısının sesindeki huzursuzluğu fark etmişti Volkan, gülerek yanıtladı.

"Gündüz, tozu alınmamış, her yanı kir pas içinde billur bir köşk gibidir Moskova. Ama geceleri öyle bir aydınlatılıyor ki, o tozlu havasından eser kalmıyor."

"Tozu alınmış şehrin gecelerini pek sevmişsin anlaşılan..."

"Sevmek için yeterince tanımak gerek. İlk üç gece, otelden dışarı adımımızı atamadık bile. Gündüz yapılan görüşmelerin ışığında, öne süreceğimiz yeni şartlar üzerinde çalıştık, farklı yöntemler ürettik. Ertesi günkü konuşmalarımızı hazırladık. Anlaşma imzalandıktan sonra, ancak nefes alabildik."

"İyi bir kutlama yapmışsınızdır artık..."

"Moskova'nın ünlü restoranlarından birine götürdüler bizi. Ardından da revüye..."

"Revü" sözcüğünü telaffuz ederken, başını öne eğmişti Volkan. Onun bu mahcup halini, hoşgörülü bir annenin şefkatli gözleriyle izledi Çağla. Ne vardı bunda? Yaptıkları yurtdışı gezilerinde bu tür revüleri beraberce de izlememişler miydi? Bu kadarıyla bile suçluluk duyan kocasını, Gülay'la konuştuklarının etkisinde kalıp gereksiz yere bunalttığı için pişmanlık duyuyordu.

Çağla'nın yumuşacık bakışları, Volkan'ı rahatlatmaya yetmişti.

"Çok içmişim," diye güldü. "Uzun zamandır içmediğim kadar çok..."

Durgunlaşmıştı birden. Dalgın bakışlarını nereye koyacağını bilmiyordu sanki. İşte o an ayılıverdi Çağla. Kocasının üzerinde ilk kez suçluluk giysisini görür gibi olmuştu çünkü.

"Ya sonra?" dedi, sözlerinin devamını beklediğini ima ederek.

"Sonra... Otele gidip yattık. Pestil gibiydim..."

Tavandan halılara, masadan duvarlara gitgide artan bir ivmeyle gidip gelen bakışlarının her biri, sivri uçlu oklar gibi yüreğine saplanıyordu Çağla'nın.

"Geceyi yalnız mı geçirdin?" deyiverdi, kendinin bile şaştığı, ağzından çıktığına inanamadığı soruyla.

"Olur mu öyle şey, neler saçmalıyorsun!" yolunda yadsımalar beklerken... Volkan'ın acı çekercesine kısılmış gözleriyle karşılaşınca, içgüdüsel bir hareketle, söyleyeceklerini duymak istemezmiş gibi elleriyle kulaklarını kapatıverdi.

Volkan'sa onun bu umarsızca karşı koyuşunun farkında bile değildi. Kısa bir kararsızlık anının ardından konuşmaya başladı. Okulda yaptığı yaramazlıkları itiraf etmeye koşullandırılmış küçük bir çocuk gibi... Suratı kıpkırmızı, gözleri çakmak çakmak, dudakları titreyerek...

"Nasıl anlatacağımı bilemiyorum ama... Anlatmam gerek. Dediğim gibi, çok içkiliydim. Kendimde değildim. Otelin girişinde vedalaşıp odalarımıza çekildik. Üstümdekileri çıkarmadan, öylece yatağın üzerine attım kendimi. Sızmışım. Kapının çalınmasıyla ayıldım. Açacak halim yoktu. Ancak, öylesine ısrarlı çalınıyordu ki... Kalktım, açtım. Karşımda, revüdekileri aratmayacak derecede dekolte giyimli, süslü püslü bir kadın. Anlaşmayı yaptığımız şirketin ikramıymış. İçeri almayacaktım; şaşkınlığımdan, sarhoşluğumdan yararlanarak, kapıyı ittiği gibi dalıverdi odaya...

Büyük bir hata işledim Çağla! Nasıl bağışlayacaksın beni, bilemiyorum. Ama... İnan ki, yüzünü bile hatırlamıyorum. Sabah kalktığımda da gitmişti zaten."

Bu kez ikisinin de gözleri yere çakılıydı. Aynı suçu paylaşır gibi. Uzunca bir süre konuşmadılar. Suskunluğu bozan Volkan oldu.

"Nefret ediyorum kendimden. Sana bunları yaşattığım için, sana bu acıyı çektirdiğim için. Lanet olsun bana! Ne olur susma... Bağır, çağır, aşağıla beni. Ama susma..."

Neden sonra konuştu Çağla. Sakin bir ses tonuyla, sözcüklerin üzerine basa basa...

"Seninle bir kavlimiz vardı Volkan. Gerçi çok gerilerde kaldı ama, hatırlayacaksın. Yemin etmiştik! Beraberliğimizde asla ihanet olmayacaktı. Gönlümüz üçüncü şahıslara kayarsa, dürüstçe anlatacaktık birbirimize ve yollarımızı ayırıverecektik."

"Ama bu... Öyle bir şey değil ki! Tek gecelik... Bir daha yüzünü bile görmeyeceğim biriyle."

Yanıt vermedi Çağla. Yerinden kalktı, yatak odasına gitti. Karyolanın başucunda duvara asılı, annesinin el emeği, göz nuru dantel kılıfının içindeki Kuran-ı Kerim'i aldı. Salona döndü.

Çağla'nın masanın üzerine koyduğu Kuran, Volkan'ın içine biraz olsun su serpmişti. Yeminlerini tazeleyeceklerdi işte! Bir daha asla olmayacağına yüz kere, bin kere yemin etmeye hazırdı. Çocuksu bir sevinçle elini Kuran'a doğru uzattı.

Çağla, çelik ışıltılar saçan sert bakışlarıyla durdurdu onu, elini usulca itti.

"Yemin edecek olan sen değilsin, benim! Haklısın, tek gecelik gelgeç bir ilişki için evliliğimizi bozmaya değmez. Ancak..."

İki elini Kuran-ı Kerim'in üzerine koydu, gözlerini kocasının gözlerine dikti...

"Yemin ediyorum ki, ben de bir gün aynı şartlar altında sana ihanet edeceğim! Daha sonra yüzünü bile unutacağım, belki adını bilmediğim biriyle... Karşıma çıkacak ilk fırsatı değerlendireceğimden kuşkun olmasın."

"Neler diyorsun sen?" diye haykırdı Volkan. "Olur mu hiç..."

"Neden olmasın? Ettiğimiz yemin, ikimizi de aynı derecede bağlamıyor muydu? Madem bozuldu, benim de karşılık verme hakkım olmalı."

"Anlatmayabilirdim. Dürüst davrandım sana."

"Benim için yapmadın bunu. Anlatarak kendi vicdanını rahatlattın. Beni, bir ömür boyu izi asla silinmeyecek derecede yaralayarak...

Her davranışın bir bedeli olmalı! Madem ki yaşamım boyunca bu azabı çekeceğim... Sen de diken üzerinde oturmayı hak ediyorsun. Nerede, ne zaman, kiminle beraber olduğumu ya da olacağımı düşünmek de senin payına düşüyor.

Söylediklerimi gerçekleştiremeyebilirim de, ama sen bunu asla bilemeyeceksin. Diğer erkeklere göre şanssızlığın, benim düşünce tarzımda bir kadınla evli oluşun. İstersen, hemen boşanabiliriz. Ama, evliliğimizi sürdürmek istiyorsan eğer, yeminimi de kabulleneceksin... Evet, dersen yaşananları unutup kaldığımız yerden devam edebiliriz."

Yenilecek, yutulacak lokma değildi; demir leblebiydi çiğnemesi gereken ama, kabullendi Volkan. Karısının sözleri arasında avunacak ayrıntıları buldu, çıkardı; onlara sığındı.

Söylediklerimi gerçekleştiremeyebilirim, demişti Çağla. Yemin etse de, açık kapı bırakıyordu işte.

Karşıma çıkacak ilk fırsatta, demişti bir de.

Öyle bir fırsat nereden çıkacaktı ki karşısına? Kendisi aramadıktan, uygun şartları yaratmak için özel çaba harcamadıktan sonra...

***

Aradan iki yıla yakın bir zaman geçmişti. Unutmuş görünüyorlardı. Dönüp de tek bir kez açmadılar konuyu. Ancak Volkan, hiç mi hiç rahat etmedi o geceden sonra.

Ne kadar olumlu düşünmeye çalışırsa çalışsın, diken üstündeydi artık. Rahatı huzuru kaçmış, nereden geleceği belli olmayan tehlikeye karşı her an tetikte durmaktan yorgun düşmüştü. Çoğu geceler uyku girmiyordu gözüne. O gözler hep açıktı, açık kalmak zorundalardı...

Kabul etmeliydi ki, amacına ulaşmıştı karısı!

Trafik kazası haberini aldığında, kocasının öldüğünü söylemediler Çağla'ya. Umutla koştu yanına...

Şarampole yuvarlanmış arabanın yanında, otların üzerine yatırmışlardı Volkan'ı. Üzerine gazete örtmüşlerdi.

"Ben buldum abla," dedi orman korucusu. "Yanına vardığımda çoktan ölmüştü. Kaskatıydı vücudu. Ne yaptım, ettim, gözlerini kapatamadım."

Gazeteyi kaldırdı Çağla. Kocasının cansız bedenine kapaklandı. Neden sonra doğruldu... Volkan, kimselerin kapatamadığı gözleriyle ona bakıyor, sağlığında soramadığı soruları soruyordu sanki.

Eğildi, kocasının alnına koyduğu elini aşağıya doğru ağır ağır indirdi. Avucunun içiyle gözkapaklarına dokunup hafifçe bastırdı.

"Yapamadım bitanem!" dedi. "Gerçekleştiremedim yeminimi. Bunu bil ve rahat uyu."

Kapanıvermişti gözler.

Bekledikleri yanıtı almışlardı çünkü...

SEN HER ŞEYSİN

Bugün Sevgililer Günü!

Bundan yüzyıllar önce, Roma İmparatoru Claudius'un evlenme yasağı koyarak ayrı tutmaya çalıştığı âşıkları birleştirmek uğruna canını verdiği rivayet edilen St. Valentin'in, bu trajik ölümü sayesinde insanlık hizmetine sunulmuş, yalnızca çift gezenleri ilgilendiren, yapay bir bayram. Beraberlikleri kaç yıllık olursa olsun, tüm evli çiftlerin, çiçeği burnunda ya da yıllanmış sevgililerin, meşru ya da gayrimeşru beraberlik yaşayan Adem ve Havva'ların katılımına açık, evlere şenlik bir kutlama günü...

Bana uymaz arkadaşım! Böyle özel günlere oldum bittim karşıyımdır zaten. Neymiş o öyle; Anneler Günü, Babalar Günü... Anası babası olan, 364 gün yan gelip yatacak da, o tek günde günahlarının vebalini ödeyecek... Geçiniz!

Ya anası babası öbür dünyaya göç etmişler? Böylesi günler, işkenceden başka nedir onlar için?

Aynı durum, Sevgililer Günü için de geçerli. Gerçek sevdalılar (böylelerinin varlığından da şüpheliyim ya, neyse), kısıtlı zaman dilimine bağlı kalmadan, sarılıp sarmaşlanmıyorlar mı zaten? Ya sevgi(li)sizler? Onları düşünen bir Allah kulu yok! Kalp şeklinde yastıklar, kırmızı güller, vitrinleri hıncahınç dolduran hediyelikler... Kalbi boş ya da kırık garibanları kahretmek için, bilinçli eylem yapıyorlar sanki.

Anlaşılacağı üzere, almış başını giden bu çılgınlıkla zerrece ilgilenmiyorum. Ne kocam var, ne sevgilim, ne de ufukta, minik bir gülle gönlümü hoş edecek sevgili adayı... Umurumda bile değil! Dudağımın kenarına iliştirdiğim alaycı gülüşle, yakın çevremdekilerin abartılı telaşını küçümsüyorum kendimce.

Umurunda değil ha! Öyle mi gerçekten? Sen de istemez miydin, giyinip süslenip yüreğini titreten bir âdemoğluyla mum ışığında baş başa yemek yemeyi? Bembeyaz masa örtüsünün üzerinde, şarap kadehinin yanına özenle yerleştirilmiş şarap rengi gülü nazlı nazlı koklamayı... Bu kadarı bile yeterdi sana. Etiketi bol sıfırlı mücevherler, pahalı kokular, albenili armağanlar olmasa da olurdu. Yalan mı?

İtiraf ediyorum!

Bundan önceki Sevgililer Günleri'ni boş geçiren ben, bu yıl aklımdan geçen çılgınca düşünceyle irkildim. İşyerine yeni giren tıfıl oğlana bu gece için yemeğe çıkmayı teklif edecektim. Tek gecelik bir kavalye! Sırf, çalıştığım bölümdekilere hava atabilmek uğruna... Parayı da ben ödeyecektim üstelik.

Kendi kendime, aklını başına topla, diye üç kez yineledikten sonra, ancak toparlanabildim. Öğlen arasında oğlanın, okuduğum kitaba bakıp, *"Bridget Jones' un Günlüğü mü?"* demesi de toparlanmamda etkili oldu haliyle.

Bir Sevgililer Günü'nü daha yalnız geçirmem o kadar önemli değil de, 14 Şubat'ın bu yıl cumartesiye denk düşmesi kötü oldu. Çalışma günü olsa, işyerinde akşama kadar oyalanır, akşam da televizyon karşısında pinekleyip erkenden zıbarır yatardım. Aksilik işte...

Öğlene doğru uyandım. Yapacak işi olmayan insanların telaşsız, dingin, huzurlu haliyle tembelliğin tadını çıkardım bir süre. Kalkıp sarsak adımlarla banyoya doğru yürürken, giriş kapısının yanındaki boy aynasına ilişti gözüm. Durumumu ifade etmek için, tek sözcük yeterdi: Felaket!

Göz altları mosmor torbacıklı ablak surat ve bu ablak suratı çerçeveleyen darmadağın saçlar benim mi? Ya çamaşır makinesinde yıkanırken, yüksek ısılı programdan nasibini alıp orası burası sarkmış, rengi atık pijama... Teki ponponlu, diğerinin ponponu düşmüş, tüyleri eprimiş pofuduk terlikler...

Ani bir kararla gerisingeriye odama döndüm. Üstümdekileri parçalarcasına çıkarıp yere attım. Dolabın derinliklerinden, işyerindeki arkadaşlarımın doğum günümde armağan ettikleri, kaç kez niyet edip de giymeye kıyamadığım (neden kıyamıyorsam!), göğsüne kocaman kırmızı bir kalp işlenmiş havlu eşofman takımı çıkarıp üstüme geçirdim. Saçlarımı tarayıp atkuyruğu yaptım. Terliklerimi değiştirdim.

Birden durakladım. Neye, kime, ne için hazırlanıyordum ben? Annemin bir sözü geldi aklıma: "Tek başına da olsan, üstüne başına özen göstermelisin! Bu, kendine olan saygın içindir."

Boğazıma kocaman bir yumru geldi, oturdu. Suçluydum. Bu yaşta kendini bırakmak, neyin nesiydi? Zor sığmıştım eşofmanın bolluğuna. Evet evet, tek başınalığı, telaffuz etmekte zorlansam da evde kalmışlığı fazlasıyla hak ediyordum. Ben bile kendimi beğenmezken, çevremdekileri nasıl suçlayabilirdim ki?

Derin bir soluk alıp göz pınarlarıma yürümeye çalışan nemliliği geldiği yere göndermeyi başardım. Kararım karar, pazartesi sabahı sıkı bir diyete başlıyorum! Ama bugün, bu hassas günümde hiçbir kısıtlamaya giremem doğrusu. İnadına, elime ne geçerse yeme özgürlüğümü sonuna kadar kullanacağım.

Hazırladığım kahveyi termosa doldururken, sokak kapısının içinde dönen kilit sesini duydum. Ve uyuyan birini uyandırmamak istercesine yumuşak ayak seslerini...

Melis! Ev arkadaşım... Belli ki kuaförden geliyor. Saçlarında kırmızı röfleler, yüzünde tonlarca boya.

"Şeytan görmüş gibi bakma öyle," dedi mutfağa girer girmez. "Bir günlük boya bu, yıkanınca çıkacak. Porselen makyaj yapalım, dediler. Kıramadım. Nasıl olmuş?"

Sirk palyaçosuna dönmüşsün, diyemem ya.

"Harika!" diye güldüm. "Özel güne özel hazırlık ha..."

Suçluluk duyar gibi başını öne eğişini, beni kırmamak için gösterdiği gayreti, ölçülü davranışlarını görmezden gelerek, kahve termosunu tepsinin ortasına oturttum.

"Kek yapmıştım," diye hafiften kıkırdadı. "Tadına baktırmak isterdim, ama bölemem."

Mutfak tezgâhının köşesinde duran keki, o zaman fark ettim.

"Alper için," diye mahcup bir edayla gülümsedi.

Tadına bakmamı istermiş de, parçalamaya kıyamazmış... Pöh! Bendeki, biricik can yoldaşı, kader arkadaşındaki neleri böldüğünün, parçaladığının farkında bile değil.

"Gerek yok. Tüm kalpler bütün kalmalı," dedim içimdeki çalkantıyı örten sesimle. Dolabı açıp elime ne kadar top kek cinsi geçtiyse, hepsini tepsiye dizdim. Kakaolu, karamelli, çilekli, portakallı, karışık meyveli...

"Bunlar, yeter de artar bana!"

Birden çözülüverdi Melis.

"Akşama Meksika restoranında yer ayırtmış Alper," diye cıvıl cıvıl anlatmaya başladı. "Ne kadar heyecanlıyım, bir bilsen..."

Sevincini maskeleme çabasını bir kenara itmişti. Ne giyeceğini, nasıl buluşacaklarını en ince ayrıntısına kadar saydı, döktü. Bense, daha önceki yıllarımızı düşünüyordum. Melis'le baş başa geçirdiğimiz buruk, ama neşe dolu eski Sevgililer Günleri'ni... Bu yıl, Yalnızlar Kulübü'nün partisine katılacaktık güya, öyle karar almıştık. Ama kendisi sınıf atlayıp, yalnızların kulübüne üye olmadan istifa ettiğinden, aklına bile getirmiyor önceki paylaşımlarımızı.

Nasıl bu kadar değişebiliyor insan? Daha da önemlisi, karşısındakinin ruh halini düşünmeden, içinin sevincini olanca taşkınlığıyla ortaya dökebiliyor...

Melis'in üstünü değiştirip, yaptığı keki bir an önce Alper'e yetiştirme telaşını izleyeceğime, hazırladığım yiyecek tepsisini alıp bilgisayarın başına geçtim. Her zamanki gibi, posta kutumu açtım önce.

Bu kadar da olmaz ki! Okunmadan silinecek birkaç "önemsiz posta" dışında tek bir ileti yok.

Ne bekliyordun? Eski defterindeki silik isimlerden biri, seni hatırlayıp iki satır yazar da avunursun, diye miydi yüreğindeki anlamsız kıpırtı? Otuz iki yıllık yaşamında, tek elin kaç parmağını geçer bu tür beraberliklerin? Onlar da çoktan unutmuştur seni, yepyeni limanlara yelken açmışlardır...

Dişlerimin arasından, "Hepsinin canı cehenneme!" dememle posta kutusunu kapatmam bir oldu. Melis'in içeriden, "Kaçtım ben.

Kendine iyi bak," diye seslenişi de aynı zaman dilimiyle çakışınca, iyice zıvanadan çıktım.

Sokak kapısının kapanış sesi, beynimin tüm hücrelerinde yankı buldu. O uğursuz düğüm, yeniden gelip oturuvermişti boğazıma. Bu kez gözlerimden inen yaşları engelleyemedim. Ancak, kısa sürede toparladım kendimi.

Ani bir kararla, "Sık kullanılanlar"a kaydettiğim oyun sitesini tıklayıverdim. Arada bir, beyin jimnastiği niyetine oynadığım oyunlar, bugünkü ilacım olacaktı...

* * *

Oyun sitesi de pek şenlikli bugün. Sevgililer Günü'ne yaraşır özel nikler(*) almış oyuncular. ASK, Amor, bitanesi, kalbimdesin, serserinim, alevimsin... Günün hakkını vermiş bizim okeyciler.

Daha önceki deneyimlerimden, buradaki oyunculardan bazılarının sanal sevgililer olduğunu biliyorum. Yapışık ikizler gibi, hep aynı masada, ortak konumunda oynarlar. Sanal aşk yaşıyorlar kendilerince. Gülünç geliyor bana, inanmıyorum. Sanal olmayanına da inandığım yok zaten...

Nerede o eskilerin, dillere destan şiirsel aşkları? Şimdilerde, "çıkmak" diyorlar beraberliklerine. Üç gün çık, gez, toz; dördüncü gün herkes kendi yoluna. Bu yüzeyel ilişkilerin neresi aşk?

Masaların birinden davet geliyor. Girip oyuna başlıyorum. İki yanımdaki rakip oyuncuların nikleri ilginç, gülmekten kendimi alamıyorum. Sağ tarafımdaki CANISI. Karşısında oturan ortağınınki

(*) Kullanıcı adı.

ise ASKISI. "Aşkısı" olacak aslında. Ama, "ş" harfi internette "s"ye dönüştüğünden, "askı" olup çıkmış Canısı'nın Aşkısı.

Ortağım konuşkan değil. Oyun boyunca tek söz etmiyor. Canıma minnet! Yenildiğimiz ilk oyunun bitiminde de çekip gidiyor.

Masa sahibinin bu kez davet ettiği, benim ortağım olacak oyuncunun kullanıcı adı, diğerlerinden çok farklı. Dalga geçilemeyecek kadar da kusursuz: SENHERSEYSİN!

Karşı cinsten "Sen her şeysin!" sözcüklerini duymak, erişilmez güzellikte görünüyor gözüme. Hem söyleyene, hem de söyletene alkış tutuyor yüreğim. Tüm "aferin"lerimi sessizce gönderiyorum karşımdakine.

Sen her şeysin... Dört dörtlük, mükemmel bir ifade. Dudaklarım kıpır kıpır, kendi kendime yineleyip duruyorum. Aşk, gerçek aşk, ancak bu kadar öz, bu kadar içten anlatılabilir.

İyi de, nikin sahibi, gerçekten de adına yaraşır yetkinlikte bir âşık mı bakalım? Kim bilir, beraberliğin başlangıç döneminde bulutların üzerinde gezinilen pembe günlerini yaşıyordur belki.

Neyse ne! Bana mı kaldı el âlemin aşkölçerliğini yapmak...

Merhabalaşıyoruz: "Mrb", "Mrb". Bol şans diliyoruz birbirimize. Klişeleşmiş oyun alışkanlıkları...

Biraz önceki ortağıma göre, sıcak bir yaklaşımı var. Önümdeki taşlardan çift olanları yazıyorum özele. Oyun içi kopya!

"Bende çift yok," diyor.

İlk oyunu alıyoruz, ben bitiyorum. Kutluyor beni: "Tbr". Teşekkür ediyorum, "Tşk".

Bir adım öteye geçip soruveriyorum.

"Nikinizi bugün için, özel olarak mı aldınız?"

"Öyle de denebilir," diyor.

"Evet" ya da "hayır" diye bir yanıt beklerken, ne demek bu şimdi?

Aklımdan geçenleri okumuş gibi ekliyor.

"Her yeni gün, bizim için Sevgililer Günü'dür."

Vay be!!! İnternet diliyle "wow"!!!

Karşımda gerçek bir âşık var galiba. Sormadan edemiyorum.

"Sen her şeysin, dediğiniz kişi de, sizin her şeyiniz olduğunu biliyor mu?"

"Bilir, emindir; hiç ama hiç kuşku duymaz bundan."

"Madem böyle bir aşkın içindesiniz, ne işiniz var oyun sitelerinde? Sevgililer Günü'nde onun yanında olmanız gerekmiyor mu?"

"İşte o biraz zor!"

Neden, demeye fırsat bulamadan oyun bitiyor. Yeniden kutlaşıp masadan çıkıyoruz. Ama peşini bırakmıyorum, merakım had safhada çünkü. Özel konuşma penceresinden girip sorularımı sıralıyorum.

"Uzakta mı? Ayrıldınız mı yoksa?"

Tabii ya, ancak imkânsız aşk böyle veciz şeyler yazdırır adama. Ancak yaralı bir kalpten çıkar bu tür çığlıklar. Benim için "sen her şeysin!", ne var ki sana ulaşamıyorum, demeye getiriyor.

"Ayrıldık, ama ayrılamadık!"

Bilmece gibi konuşması, gitgide ilginç kılıyor söyleşimizi.

"Anlaşıldı," diyorum. "Hüzünlü bir kopuş! Ama bugün Sevgililer Günü. Tek bir gülle bile gönlünü alabilirsiniz sevdiğinizin. Tek gül, verilen kişinin, buketi tamamlayan en son çiçek olduğunu vurgularmış, öyle derler. Eğer o da sizi aynı derecede seviyorsa, asla kayıtsız kalmayacaktır."

"Tek değil, kocaman bir buket gül vereceğim ona. Buketin hepsi sensin, demek için. Ancak..."

Ancak... Ancak, ne?

Uzunca bir süre yazmıyor. Ona anlamsız gelebilecek bu söyleşiden sıkılmış olduğunu düşünürken, sözcükler dökülüveriyor.

"Ancak... O gülleri bir avuç toprağın üzerine bırakmam gerekiyor. Ve o toprağı kucaklamam..."

Donup kalıyorum. Tüm hücrelerim kaskatı kesiliyor. "Olamaz!" diye küçük bir çığlık karışıyor soluğuma.

O ise gerisini getirmeye kararlı. Uyuşmuş beynimin kıvrımlarında oluşmuş, klavyenin üzerindeki parmaklarıma ulaşamayan soruları, ben sormadan tek tek yanıtlıyor.

"Onu uğurlamamın üzerinden tam yedi yıl geçti... Ortaokul yıllarında başlamıştı beraberliğimiz. Ne kadar erken, değil mi? Gözümü açtım, onu gördüm derler ya, aynen öyle. Çevremizde, sıradan bir okul arkadaşlığı diye değerlendirildi önceleri. Oysa biz, bir bütün olmanın sağlam temellerini atıyorduk kendimizce. *Irreversible,* denen geri dönüşsüz kimyasal tepkimeler vardır ya... İki metalin birbiri içinde ergimesi gibi. Bir kez oluştu mu o alaşım, yeniden elementlerine ayrılması olanaksızdır. Bizimki de o hesap..."

Suskunluğumun farkına varıp, "Orada mısınız?" diyor. "Keselim isterseniz. Bu güzel günde içinizi karartmayayım."

"Hayır," derken çözülüveriyor parmaklarım. "Ne kadar üzüldüm, anlatamam. Kaç yaşındasınız siz? İşiniz, gücünüz, mesleğiniz?"

Yazdıklarıma şaşkınlıkla bakıyorum bir an. Sanal sohbetlerden nefret eden ben, hiç tanımadığım birinin en özel sayfalarına giriyorum...

"Yirmi sekiz yaşındayım," diyor. "Kimya mühendisiyim."

"Çok gençsiniz!"

"Pek değil. Gençliğimi hiç yaşamadım, diyebilirim. O gittiğinde, yirmi bir yaşındaydık ikimiz de. Okulu bitirince evlenecektik."

"Kaza mı?"

"Hayır. Nazar değdi, adına 'kan kanseri' dediler. İki yıl savaştık beraberce, karşı durduk ölüme, kafa tuttuk... Olmadı! Başaramadık. Yanındaydım hep, son anına kadar... Son nefesini de kollarımda verdi zaten."

"Acınızı anlıyorum ama, aradan yedi yıl geçmiş. İlk günkü acı aynen sürse, yakınını kaybeden hiç kimse yaşayamaz. Hani derler ya... Hayat devam ediyor, diye. Siz de yaşamınızı kaldığınız yerden sürdürüyorsunuzdur, sanırım."

"Benim durumum farklı. Toprağa verdiğim, yalnızca onun bedeniydi. Ruhu benimle, benim bedenimin içinde kaldı. Hiç çözülmedik. Hâlâ da ayrılmaz bir bütünün parçalarıyız biz."

"Pek sık rastlanan bir durum değil..."

"Psikolojik sorunları olan biriyim, diye düşünüyorsunuz, değil mi? Hayır! Sosyal yaşantım aynı çizgide sürüyor. İyi bir işim var, ortalamanın üzerinde bir kazancım... Çevremdekiler tarafından seviliyor, hoş tutuluyorum. İnsan ilişkilerim mükemmel. İç dünyamsa, bana ait... Kimse giremez oraya.

Beni anlamanız zor, biliyorum. Ama inanın, başka çarem yoktu. Onu toprağa verirken, iki seçenek vardı karşımda. Ya yaşamıma son verip onunla gidecektim ya da onu bedenimde tutup, kaldığımız yerden beraberliğimizi sürdürecektik. İkinci seçeneği yeğledim ben..."

"Nasıl bir yaşam biçimi bu?"

"Bir bedende iki kişi, diyebilirsiniz. İki kişilik soluk alıyorum ben. İki kişilik yiyip içiyor, iki kişilik gezip eğleniyorum. İkimizin ortak beğenisine hitap eden kitapları okuyor, bu oyunu bile o seviyor diye oynuyorum. Sözün özü, iki kişilik yaşıyorum ben. Dışardan bakanlar anlamıyor bile..."

"Peki, bu yedi yıl içinde hayatınıza başka kimse girmedi mi?"

"Asla! Kurduğumuz birliktelikte üçüncü şahıslara yer de yok, gerek de."

"Ne kadar sürebilir ki bu durum?"

"Sonsuza kadar! Annesi bile onun yokluğunu kanıksadı. Kızıyor bana. 'Ölenle ölünmez oğlum, evlen, hayatına yön ver,' diye öğütler veriyor. Gülüp geçiyorum. Anlatsam da anlayamaz ki beni."

Kısa bir soluklanmanın ardından, son noktayı koyuyor.

"Şaşırttım sizi, değil mi? Kimselere anlatmadığım gizleri paylaştım sizinle. Sanal ortamın sırdaşlığına sığındığımdan belki... Şimdi çıkmam gerekiyor.

Pek sık gitmem mezarlığa, gerek duymam. Yitirdiğim bir şey yok ki! Ne arasam, içimde. Ama bugün gideceğim. Bir zamanlar 'bizim' olan bir beden yatıyor orada. Çiçekçiye gül buketlerinin en güzelini, en görkemlisini hazırlamasını söyledim.

Döndükten sonra da Sevgililer Günü kutlamamız var. İki kişilik soframızda şaraplarımızı yudumlayacağız. Şiirler okuyacağım ona. Sen her şeysin, diyeceğim. Şarkılar dinleyeceğim ondan, buram buram aşk kokan, bizim şarkılarımızı..."

"Son bir soru: Bu sıradışı yaşam içinde, gerçekten mutlu musunuz?"

"Hem de nasıl! Şöyle bir bakın çevrenize, benim kadar mutlu birini göremeyeceksiniz. Neyse... Beni dinlediğiniz için teşekkürler. Canınızı sıktıysam bağışlayın lütfen. Sizin de Sevgililer Gününüz kutlu olsun. Hoşça kalın..."

Gitti!

Ben böyle devasa bir acıyı sineye çekmişken, abarttığın yalnızlığına gözyaşı dökme şımarıklığınla kal, der gibi, çekti gitti.

Kımıldayamıyorum yerimden... Gözlerim ekrana kilitlenmiş, yaşadıklarımın gerçeklik derecesini sorguluyorum.

İki saati bulan söyleşimizin, rastlantı olmadığına inanıyorum. Almam gereken bir ders vardı, aldım. Uzaklarda bir yerlerde, bu tür tutkulu aşkların hâlâ yaşanabildiğini öğrendim.

Ve "Sen her şeysin!" sözcüklerinin içinde eriyip kaldım.

Sevgililer Günü'ne de karşı değilim artık. Yalnızca birine, "Sen her şeysin," diyebilmek ya da bunu gerçekten seven birinin ağzından duyabilmek için bile, var olmalı ve kutlanmalı bu gün.

(Son kez yalnız geçirdiğime inandığım bu Sevgililer Günü, bana da kutlu olsun...)

PALYAÇOYU BEKLERKEN

İşe geç kalmıştı gene. Arabayı anaokulunun önünde çalışır durumda bırakıp, arka koltukta sessizce oturan çocuğu yere indirdi, elinden tutarak bahçe kapısına doğru sürükledi. Onun minik adımlarıyla boşuna zaman kaybediyordu. Uyku sersemliğini henüz üzerinden atamamış cılız bedeni kucakladığı gibi, geniş bahçeyi ikiye bölen uzun yolu koşar adımlarla katetti. Ana binanın kapısına ulaştığında soluk soluğa kalmıştı. Çocuğu kucağından indirdi, zile bastı.

Önce aralanan, sonra da ardına kadar açılan kapının gerisindeki kadına, "Günaydın Nilgün," dedi aceleyle. "Sabah gene huysuz uyandı Kaan, sütünü içiremedim."

"Merak etmeyin siz," diye gülümseyerek, çocuğu içeriye aldı Nilgün. "Birazdan kuşluk kahvaltısı yapacaklar nasılsa."

Her sabah yinelenen, kanıksanmış tablo... Annesinin ardından kapanan kapıya dikilmiş gözlerini, neden sonra, ceketini çıkarmaya çalışan öğretmenine çevirdi çocuk. Yardıma gerek yoktu ki, kendi işini kendi görebilirdi o! Ayakkabılarını çıkardı. Girişte, adının yazılı olduğu bölümde yerde duran, patik biçimindeki yuva terliklerini giydi; içeriye, arkadaşlarının yanına doğru yürüdü.

Anaokulunda, yeni bir gün daha başlıyordu Kaan için...

Pazartesileri, anaokulu çalışanları için zorlu gündü. Hafta sonu ev sıcaklığına alışmış çocuklar, yuva ortamını dışlar, en olmayacak yaramazlıkları, hırçınlıkları ortaya dökmekte birbirleriyle yarışırlardı. Yeni başlıyorlarmış gibi, onları okula bırakan annelerinden, babalarından ya da diğer yakınlarından ayrılmak istemeyenler, ayaklarını yere vura vura, ter ter tepinenler...

Daha bu sabah konuşmuşlardı aralarında. Anaokulunun sahibi ve yöneticisi Nihal Hanım, "Pazartesi sendromu, denilen o illet, bacak kadar çocukları bile etkiliyor," demişti.

Nilgün Öğretmen, bu etkilenmeyi en aza indirgemek için elinden geleni yapardı. Sabırlıydı, deneyimliydi; hepsinden önemlisi, işini ve çocukları çok seviyordu.

Kuşluk kahvaltısında çocuklara, hafta sonunu nasıl geçirdiklerini sormayı âdet haline getirmişti. Onları avutmanın, geçici olarak dışa kapattıkları minik dünyalarının kapılarını yeniden açmanın en iyi yolu buydu.

Her zamanki gibi, birbirleriyle yarışarak, tatil serüvenlerini anlatmaya başladı çocuklar... Elif sinemaya gitmiş; annesiyle ve babasıyla beraber, son günlerin en çok sözü edilen çizgi filmini izlemişlerdi. Babası, Cem'le ablasını çocuk tiyatrosuna götürmüştü; çok eğlenmişti onlar da. Naz ise, kuzeninin doğum gününde kestikleri, etekleri kabarık Barby bebek şeklindeki pastayı anlata anlata bitiremiyordu.

"Ya sen Kaan? Sen ne yaptın hafta sonunda?"

"Oyuncaklarımla oynadım. Babam gelip beni alacaktı, ama gelemedi. Çok işi varmış, annem öyle söyledi. Ben de oyuncaklarımla oynadım, oynadım... Uslu durdum. Hiç yaramazlık yapmadım..."

Babam benim uslu durmamı isterdi hep. Söz dinlememi, yaramazlık yapmamamı... Uslu durduğumu bilirse gelir, beni alır, bir yerlere götürür belki...

Kaan'ın incecik dudaklarından dökülen her bir söz, Nilgün'ün içine işliyordu. Asla şımarmayan, hep söz dinleyen, uyumlu... Ve uslu! Beş yaşındaki bir çocuk için, bu kadarı fazlaydı doğrusu.

"Sütünü içmemişsin ama Kaan! Kurabiyen de öylece duruyor. Yemezsen büyüyemezsin, abi olamazsın sonra."

Büyümek istemiyorum ki ben! Abi olmak da... Hele o çocuğun abisi olmayı hiç, ama hiç istemiyorum! Hem, büyürsem sevmez beni babam. Küçük çocukları seviyor o. Cansu anlattı, amcamın kızı... Bir oğlu daha varmış babamın. Öbür evinde... Yeni doğmuş, minicikmiş. Çok seviyormuş babam onu. Bir de, "Sen yaramazlık yaptın diye gitti baban," dedi Cansu. Hep usluyum artık ben. Abi olmamak için de yemek yemiyorum. Canım istemiyor...

Öğlen yemeğinin ardından, küçük yaş grubu uyumaya gönderilmişti. Beş yaş grubundaki çocuklarsa, Nurdan ablalarına emanet edilmiş, onun kadife yumuşaklığındaki ses tonuyla okuyacağı öyküleri dinlemeye hazırlanıyorlardı.

Nilgün'ün biricik soluklanma saatleriydi bunlar. Ancak, bu zaman dilimini bile boşa geçirme lüksüne sahip değildi. Diğer öğretmen arkadaşlarından farklı olarak, idari görevi de vardı çünkü. Her gün bu saatlerde Nihal Hanım'ın odasına gider, okul içindeki son gelişmelerle ilgili raporunu sunardı. İkisi baş başa verir, yapılacak etkinlikler hakkında konuşur, tartışır, beraberce karar alırlardı.

"Önümüzdeki cumartesi, Kaan'ın doğum günü," dedi Nilgün, önündeki takvime bakarak.

"Biz de cumadan kutlarız," dedi Nihal Hanım. "Nurhayat'a söyleriz; pastasını, çöreğini hazırlar."

Alışılagelmiş, diğer çocuklara da yapılan türden bir doğum günü kutlaması... Ancak Nilgün, daha fazla bir şeyler yapmak istiyordu Kaan için.

"Durumunu biliyorsunuz," dedi. "Anaokulunun en uysal ve uyumlu görünen, ama aslında en sorunlu çocuğu Kaan. Kutlamayı cumartesi yapsak da, ailenin katılımını sağlasak, diyorum."

"Diğerlerine haksızlık olmaz mı bu?"

"Olmaz. Cumartesi, Kaan'ın gerçek doğum günü. Yuva arkadaşlarına ve ailelerine de söyleriz; gelebilen gelir. Hafta içi olsa, annesiyle babasının katılacağı bile kesin değil. Benim arzum, Kaan'ın bu günü yanında görmek istedikleriyle paylaşması. Böylesi daha iyi olmaz mı? Bir kez de yüzünün güldüğünü görelim şu çocuğun..."

"Babasının geleceğine garanti verebiliyor musun?"

"Deneyeceğiz. Ama önce, Sibel Hanım'la konuşmamız gerek. Bakalım nasıl karşılayacak bu önerimizi..."

Karşı çıkmak ne kelime, teklifin üstüne balıklama atladı Sibel. Omuzlarından ağır bir yük kalkmıştı. İş yoğunluğunun arasında, bir de doğum günü kutlaması... Nasıl becereceğini kara kara düşünüyordu zaten.

Nihal Hanım'la ve Nilgün'le beraber tüm ayrıntıları konuştular.

"Pastayı ben ısmarlarım," dedi Sibel. "İçecekler ve yapacağınız harcamaların tümü bana ait. Bir de... Geçenlerde gittiğimiz doğum gününde animatörler vardı. Çok eğlenmişlerdi çocuklar... Arayıp sorsam, diyorum."

"Onu da bize bırakın," dedi Nilgün. "Anlaşmalı olduğumuz bir animasyon şirketi var. Bağlantıyı yaparım ben."

O akşam Sibel, oğlunu karşısına aldı.

"Harika bir doğum günü yapıyoruz sana!" diye müjdeledi. "Anaokulundaki arkadaşların zaten gelecek. Yanı sıra teyzen, Cansu, karşı komşunun ikizleri Uğur'la Umut... Başka kimleri çağırmak istersin?"

"Ya babam? Babam gelmeyecek mi?"

Sıkıntıyla içini çekti Sibel.

"Haber veririz. İşlerinden fırsat bulabilirse gelir."

Yüzünde belli belirsiz bir gülümseme dolandı Kaan'ın. Ama hemen kayboluverdi. Sırada, dile getirmesi gereken ikinci isteği vardı çünkü.

"Dedem! Dedemi de istiyorum ben. Çok özledim onu..."

Tokat gibi yüzünde şaklayan bu sözlere ne yanıt vereceğini bilemedi Sibel. Bacak kadar oğlunun duygu derinliğine gereğince inemediği gibi...

Ne biçim bir çocuktu bu böyle? Akranlarıyla gülüp eğleneceği bir gün için, babası bir yana, dedesini bile aklına getirebiliyordu. Bu davranışların kökeninde yatanın ne olduğunu sorguladı kendi kendine... Oğlu, gerçek bir aile olmayı özlüyordu galiba. Gerçek bir aile ortamında, sevdikleriyle bir arada yaşamayı. Her çocuğun doğal hakkıydı bu. Ama onlar için, artık çok geçti...

Oğlunun çelimsiz bedenine sımsıkı sarıldı Sibel.

"Babanı bilemem ama, söz veriyorum, o gün dedeni oraya mutlaka getireceğim."

Ertesi sabah, şirkete gider gitmez telefona sarıldı Sibel. Toplantı öncesi şu konuşmaları halletmeliydi. Önce Kerem'i aradı.

"Kaan'ın doğum günü," dedi. "Senin de orada olmanı istiyor," diye üstüne basa basa vurguladı.

"Cuma günü Ankara'da önemli bir iş toplantım var," dedi Kerem, okyanus ötesinden gelircesine uzak sesiyle. "Akşamına da yemek... Cumartesi, sabah uçağına yetişirsem, belki..."

Ve tabii, çiçeği burnunda karından izin alabilirsen, diye içinden tamamladı Sibel.

Anlayamıyordu... Nasıl bir adamdı bu? Kendi kanından, canından oluşmuş oğlunu da karısıyla beraber boşamıştı sanki. Ne hali varsa görsündü...

Ahizeyi elinden bırakmadan, bu kez de huzurevinin numarasını çevirdi. Karşısına çıkan yetkiliye kendini tanıttı.

"Cumartesi günü gelip babamı alacağım," dedi. "Torununun doğum günü var. Hazırlanmasına yardım etmenizi rica ediyorum. Banyosunu yapsın, düzgün bir şeyler giysin üstüne. Öğlene doğru gelirim ben."

Telefonu kapattığında babasını da cep telefonundan arayıp konuşmayı düşündü. Epeydir seslerini duymamışlardı birbirlerinin. Ancak, toplantıya gecikiyordu. Sonra ararım, diye yerinden fırladığı gibi bürodan dışarıya attı kendini.

Anaokulundaki hazırlıklarsa, tüm hızıyla sürüyordu.

Gelişmeler hakkında Nihal Hanım'a bilgi verirken, "Animasyon şirketinden palyaço gönderecekler," dedi Nilgün. "Yiyecek, içecek, servis konularını Nurhayat halledecek. Bahçe düzenlemesini de yaptık mı, her şey tamam. Bu arada... Kerem Bey'i aradım. Anaokulu yönetimi adına, bir kez de ben davet ettim."

"Ne yaptın, ne yaptın? Aile işlerine fazlaca karışmış olmuyor muyuz Nilgün?"

"Şansa bırakamazdım... Kaan'ın, o gün burada, babasını yanında görmesi çok önemli."

"Nasıl karşıladı peki? Gelecek mi?"

"Kesin bir yanıt vermedi. Ama, masrafların tümünü kendisine fatura etmemizi istedi."

"Tıpkı Sibel Hanım gibi ha! Bir çocuğu mutlu etmenin, yalnızca masraflarını karşılamaktan ibaret olmadığını bir görebilseler..."

* * *

O sabah erkenden kalktı Sibel. Kaan'ı banyoya soktu. Her seferinde yaptığı gibi, küvetin içinde deniz hayvanı oyuncaklarıyla oynamayı aklından bile geçirmedi Kaan. Biliyordu, bugün büyük gündü! Oyunla kaybedecek zamanları yoktu.

Annesi, okşaya seve sabunladı onu, gözlerini yakmayan şampuanla saçlarını yıkadı. Kapüşonlu bornozuna sarıp banyodan çıkardı. Hayret, başından ardı ardına dökülen sulara bile hiç tepki vermemişti Kaan...

Bugün giyeceği her şey yeniydi Kaan'ın. İç çamaşırları, mikili çorapları, lacivert mokasen ayakkabıları... Saatlerce dükkân dükkân gezmişti Sibel. Kot pantolon-yelek takımla içine yakıştırdığı mavi ekose gömleğin oğlunun bedenine uyacağından emin değildi. Ama, üzerine biçilmişçesine oturuvermişti işte.

Annesinin, saçını taramasını, alnının üzerine düşen perçemleri jöleyle havalandırmasını sessizce izledi Kaan.

"Herkes bayılacak sana. Gel aynaya bak, nasıl yakışıklı olduğunu gör," dediğinde aynadaki aksine gülerek baktı da, "Abi oldu benim oğlum!" demesine, onu kendinden uzaklaştırarak tepki koydu.

Keşke, "abi" olmak istemediğini söyleyebilseydi annesine...

Yola çıktıklarında, "Önce dedeni alacağız," dedi Sibel.

Sevinçten içi titredi Kaan'ın. Yüzünde güller açtı. Arabayı huzurevinin önüne park ettiklerinde, kendini nasıl aşağı atacağını bilemedi.

Mithat Dede ise, ziyaretçi salonunda onları bekliyordu. Saatler öncesinden hazırlanmıştı. Bir şeyleri beklemenin tatlı mutluluğuna nicedir hasretti ya... Bekleyiş heyecanını uzun tutmak isteyişi bundandı.

Huzurevinin halkla ilişkiler müdiresi odasına gelip de, torununun doğum gününe götürüleceğini haber verdiğinde, dünyalar onun olmuştu. Böylesine bir sevinci en son ne zaman yaşamıştı, hatırlamıyordu bile.

Titreyen elleriyle cüzdanına davranmış, yüklüce bir parayı halkla ilişkilerciye uzatırken, "Torunum beş yaşında," demişti. "Ona uygun bir şeyler alırsanız ya da aldırırsanız pek makbule geçecek. Biliyorsunuz, dışarı çıkamıyorum ben. Ha... Eksik kalırsa üstünü tamamlarım."

Para kavramını çoktan yitirmişti. Harcayacak yeri de yoktu zaten. Sağ olsun, huzurevindeki masraflarını Sibel karşılıyordu. Üç beş kuruşluk emekli maaşı da olduğu gibi kalıyordu elinde...

O sabah, Mithat Dede de erkenden uyanmıştı. Yataktan kalktığında henüz gün ışımamıştı. Banyosunu yapmış, huzurevinin berberinde sinekkaydı tıraşını olmuştu. Tek sorunu, bu özel günde ne giyeceğiydi. Dolabındaki az sayıda giysinin arasından, en geride duran siyah takım elbisesini çıkardı. Üstüne olur muydu, bilemiyordu. Ne zamandır giymemişti, öyle ki varlığını bile unutmuştu.

Hareketsizlikten yağlanmış göbeğini içine çekince, pantolonunun düğmesini iliğe kavuşturmayı başardı. Ceketin önü açık kalmıştı ama, önemli değildi. Dolabındaki biricik kravatını takıp siyah bağcıklı ayakkabılarını da giydi mi, tamamdı bu iş. İçinde ne olduğunu bilemediği hediye paketiyle salona doğru yürürken, "Kocamış Mithat" değil de, "Delikanlı Mithat" gibi hissediyordu kendini...

"Dedem!"

"Kaan'ım!..."

Dikiz aynasından arka koltuğa her göz atışında, içi burkuluyordu Sibel'in. Birbirlerine susamış dedeyle torunun durup durup kucaklaşmalarını izlerken, onları daha sık bir araya getirmeliyim, diye düşünüyordu.

İyi de, onca işin, onca koşturmanın arasında nasıl başarabilecekti bunu? Ahtapotun kollarına sahip olsa, gene de yetişemezdi...

Anaokulunun kapısında, Nihal Hanım'la Nilgün karşıladı onları. Ancak, henüz "Hoş geldiniz" diyemeden, kocaman gövdesiyle şipşirin bir palyaço beliriverdi aralarında. Eğilip Kaan'ı kucakladı.

"Oooo, prensimiz gelmiş! Yanında da annesi ve dedesi... Kraliyet sarayınıza hoş geldiniz efendim!"

Görür görmez, palyaçoya kanı ısınıvermişti Kaan'ın. İri kırmızı puanlı beyaz tulumu, kocaman ayakkabıları, kıpkırmızı top burnu, yana eğilmiş düşüverecekmiş gibi duran şapkası ve boyalı yüzüyle tıpatıp daha önce gördüklerine benziyordu; ama bu kez durum farklıydı. Bu palyaço, Kaan'ı tanıyordu, annesiyle dedesini de... Bu palyaço onun için gelmişti buraya. Bu palyaço onundu!

Bahçeyi de pek güzel süslemişlerdi doğrusu. Renk renk balonlar, bir uçtan diğer uca çekilen ipin üzerine iliştirilmiş cicili bicili süsler, oraya buraya serpiştirilmiş oyuncaklar... Yanı sıra, çocukların her gün oynadıkları kaydıraklar, salıncaklar, tahterevalliler... Sihirli bir el değmiş de, bir gün öncesinin anaokulu bahçesini içinde oynanası, eğlenilesi bir lunapark alanına çevirmişti sanki.

İşinin ustasıydı palyaço. Çocukları nasıl oyalayacağını, nasıl eğlendireceğini iyi biliyordu. Hiç bilmedikleri oyunları oynattı onlara, ödüllü yarışmalar yaptı. Tüm eylemlerinin merkezine Kaan'ı yerleştirerek; onu güldürmeye, onu eğlendirmeye kendini adamış gibi...

Kaan ise, gözleri bahçe kapısında, yeni gelen her konukta küçük hayal kırıklıkları yaşayarak, sabırla bekliyordu.

Gelecek miydi acaba?

Duvar dibine boylu boyunca, upuzun bir masa koymuşlardı. Nurhayat Abla'nın el emeği çörekler, poğaçalar, kekler, kurabiyeler... En son da doğum günü pastası geldi ortaya. Mavi, yarış arabası biçiminde harika bir pastaydı bu. Üzerinde cızırtılarla yanan maytabın sönmesini beklediler bir süre.

"Şimdi sıra pastamızı kesmeye geldi," diye el çırparak çocukları etrafına topladı palyaço. Değişik renklerdeki altı küçük mumu pastanın üzerine özenle yerleştirdi. "Dikkat et koçum," dedi Kaan'a. "Beş tanesini söndüreceksin, onlar senin doldurduğun yaşlar. Tam ortadaki mum yanık kalacak. O da önümüzdeki, yaşayacağın yılı gösteriyor."

Son bir kez kapıya doğru baktı Kaan... Gelen giden yoktu artık, davetlilerin tümü buradaydı işte. Başı öne eğik, çökmüş omuzlarıyla masaya doğru yürürken, kulaklarına dolan sesle canlanıverdi.

"Ve... Kaan'ın babası da geldi sonunda!..."

İşte o an zaman durdu. Çevresini saran kalabalık yok oluverdi Kaan'ın. Tüm görüntüler, tüm renkler silindi, göz kamaştırıcı bir ışıkla aydınlanıverdi dört bir yan.

Ok gibi fırladı yerinden. Yere çömelip onu kucaklamayı bekleyen babasının kollarına atıldı. Yüzünü onun yüzüne yapıştırdı.

"Babam!..." diye haykırdı. "Babam benim..."

Güçlü kollarıyla Kaan'ı havaya kaldırdı Kerem.

"Görmeyeli ne kadar büyümüş benim oğlum!" dedi gururla. "Abi olmuşsun sen yahu! Hem de yakışıklı mı yakışıklı bir abi..."

Babasının yüzüne dikkatle, biraz da kuşkuyla baktı Kaan. Doğru mu söylüyordu? Gerçekten de büyümesinden, ağabeylik konumuna yükselmesinden hoşnut muydu? Kafası karışmıştı Kaan'ın...

Palyaço, geri planda kalmayı içine sindirememiş gibi, araya girmekte gecikmedi.

"Yemeklerini yerse, daha da büyüyecek babası."

Gözlerini babasının gözlerinin içine dikti Kaan.

"Sen benim büyümemi istiyor musun ki?" diye sordu. "Küçük kalmak daha iyi değil mi?"

"Olur mu hiç?" diye güldü Kerem. "Kiminle maça gideceğim ben? Kiminle balığa çıkacağım, kiminle halı sahada top koşturacağım? Çabucak büyü de yalnızlığına son ver babanın..."

Yüzünde güller açtı Kaan'ın. Yüreciği kuş olup kanatlandı, babasına doğru aktı...

Bundan sonrası tam bir şölendi Kaan için. Düğündü, bayramdı, şenliklerin en güzeliydi. Pastasını keserken bir yanında annesiyle babası, diğer yanında dedeciği vardı çünkü. Bir de palyaço abisi! Hep beraber mutluluk pozları veriyorlardı fotoğrafçıya.

Pastanın en büyük dilimini Kaan yedi. Nurhayat Abla'nın keklerinin, kurabiyelerinin en çoğunu da. Büyüme yasağı kalkmıştı ya artık...

Kâh dedesinin dizinde, kâh babasının, annesinin kollarında, o zamana kadarki belki de en büyük çocuk sevincini yaşadı o gün Kaan. Palyaçonun komikliklerine ağız dolusu güldü; gülüşünü paylaşan, onunla mutlu olan sevdiklerine yüreğinin tüm hücreleriyle teşekkür etti.

Bir daha ne zaman aynı beraberliği paylaşabileceklerini hiçbiri kestiremiyordu. Ne dede, ne anne, ne baba, ne de Kaan... Bir sonraki buluşmanın gerçekleşeceği tarihi, bir tek palyaço biliyordu galiba...

Ayrılırken, "Gelecek yılki doğum gününe beni de çağırmayı unutma Kaan!" demesinden belli değil miydi?

✢ ✢ ✢

Doğum günü fotoğraflarının bulunduğu zarfı yırtarcasına açtı Kaan. Yüzünde buruk bir gülümsemeyle, o günü kare kare yeniden yaşadı. Fotoğrafların hepsinde ***palyaço*** vardı. Ya tam ortalarında ya hepsinin gerisinde gülücükler saçarken ya da bir köşeden görüntüye girivermiş, davetsiz bir konuk gibi.

Birden, o gün yaşadığı mucizeyi gerçekleştirenin o olduğunu düşündü Kaan. Hepsini bir araya getirmeyi nasıl da başarmıştı...

Eğildi, ıslak dudaklarını fotoğraflardan birine yapıştırdı, minnetle öptü palyaçoyu.

Gelecek yılki doğum gününü iple çekiyordu. Palyaçoyu beklerken geçireceği zaman, o kadar da ürkütücü gelmiyordu artık...

Mithat Dede, huzurevindeki odasında, kendisine ulaştırılan zarfı özenle açtı. İçinden çıkan fotoğrafları, bayram çocuğu sevinciyle okşadı önce, sonra da gözlüğünü takıp incelemeye koyuldu.

Kızı, torunu, damadı... Ve kendisi!

Kaan gibi, dedesinin gözleri de palyaçoya takılı kaldı.

"Komik ve gizemli adam!" diye fısıldadı. "Senin sihirli gücün müydü bizi bir araya getiren?"

Elindeki fotoğrafı yatağının başucundaki etajerin üzerine yerleştirdi.

Bir sonraki yıl, ömrü vefa ederse, aynı büyülü zaman diliminde, aynı düşte buluşabilirler miydi acaba?

O günü iple çekiyordu dedecik. Palyaçoyu beklerken geçireceği zamansa, o kadar da ürkütücü gelmiyordu artık...

VİTRİNDEKİ KADINLAR

"Fuhuş serbest!"

Almanya sınırından geçip Hollanda topraklarına girdiğimizden bu yana, ülkenin coğrafi, idari, politik, kültürel özelliklerini en ince ayrıntılarına kadar sayıp döken tur rehberimizin son sözleri, daha önce anlattıklarını silip geçmeye yetiyor. Otobüsün kadife döşemeli yumuşacık koltuklarına gömülmüş kadın ve erkeklerin tümünde mahcubiyetle karışık bir merak patlaması var.

Şaşırmak, yadırgamak anlamsız aslında. Hollanda, tam anlamıyla özgürlükler ülkesi! Ufak tefek yüzeyel kısıtlamalar dışında, hiçbir konuda yasak yok gibi.

Rehberimiz, Amsterdam'da kapısında "Coffee Shop" yazan kahvelere girmememiz konusunda uyarıyor bizi. (Cafe, yazanlara girebilirmişiz.) Bunlar, "hafif" diye tanımlanan, bitkisel ve doğal uyuşturucuların satışının ve kullanımının serbest olduğu mekânlar. Marihuana, üzerlerinde yeşil-beyaz etiketler taşıyan haşhaşlı sigaralar, otlar; bu tür maddeleri içeren çay, kahve, kurabiye, sakız ve kekler...

Eroin, kokain gibi "ağır" uyuşturucular, sözüm ona yasakmış! Sokak başlarında, özellikle geceleri, uyuşturucu komasına girenler için bekletilen ambulanslar, bu yasağın ne derece geçerli olduğunun göstergesi.

Amsterdam'ın, "gay" barlarıyla da ün yaptığını, eşcinseller için "cennet" diye nitelendiğini duyunca, fuhuşun serbest olması, o kadar da yadırganacak bir ayrıntı gibi durmuyor. Her ülkede benzerleri yok mu? Kiminde gizli saklı; kiminde, kurallarla sınırlandırılsa da, yasal... Buradaki tek fark, tümüyle serbest bırakılmış olması.

Ancak, rehberimizin bundan sonra anlattıkları, konuyu ilginç kılıyor.

"Fuhuşun merkezi, Red Light District'tir. Kırmızı Fener Semti... Ağırlıklı olarak, Red Light Street, yani Kırmızı Fener Sokağı üzerinde yan yana dizilmiş, dükkân görünümünde, vitrinli, çok sayıda ev vardır. Vitrinlerinde kadınların müşteri beklediği, kraliyet sarayına yalnızca iki yüz metre uzaklıktaki bu sokak, turistlerin en çok ziyaret ettikleri yerlerin başında gelir."

Tren istasyonunun karşısındaki caddede otobüsten iniyoruz. Tur programına göre toplu halde görülmesi gereken birkaç yeri gezdikten sonra, serbest zaman verilecek.

Hollanda, ilginç bir ülke. Her tarafı su. En alçak yeri denizden yedi metre aşağıda. Nederland: alçak ülke, anlamına geliyor zaten. Küresel ısınma sonucu, buzulların erimesiyle oluşabilecek sel felaketlerinin ilk hedefi.

Amsterdam ise, köprülerle ve kanallarla birbirine bağlanan doksan küçük adacık üzerine oturmuş, suların içinde bir şehir. Amstelle Nehri, şehri ikiye bölüyor. Nehrin üstü kapatılarak cadde haline getirilmiş. Caddelerin ve kanalların iki yanında sıralanmış binalar, geleneksel Hollanda mimarisinden izler taşıyor. En belirgin özellikleri de, üçgen alınlıklı çatıları.

İlk gözümüze çarpan, daha önce hiçbir yerde benzerine rastlamadığımız bir bisiklet yoğunluğu. Abartısız, milyonlarca bisiklet var. Ve bisiklet parkları... Çevrede kadın erkek, tek bir şişman Hollandalı göremiyoruz. Bisiklet cennetinde yağlanmaya izin yok, anlaşılan.

Tren yoluna paralel caddenin geniş kaldırımı üzerinde şehir turumuzu başlatıyoruz. İlk durağımız, Dam(*) Meydanı. Sonrasında, eski bir belediye binasından saraya dönüştürülmüş Kraliyet Sarayı, Rembrandt Meydanı ve ünlü Çiçek Pazarı...

İçlerinden en çok, Çiçek Pazarı'nı seviyorum. Tam bir renk ve koku cümbüşü. Daha önce görmediğimiz bin bir türde çiçek ve çiçek soğanları...

Çiçekçilik, Hollanda için önemli bir gelir kaynağı. Sabah erkenden toplanan laleler, özenle paketlenip uçaklara yükleniyor ve dış ülkelere gönderiliyor. Öğlen saatlerinde New York ya da Londra'daki vitrinlerde yerlerini alıyorlar.

Hollanda'ya ilk lale soğanının bizden gittiğini düşününce, hayıflanmadan edemiyor insan.

Toplu gezinin sonunda, "Serbest zaman!" diyor rehberimiz ve bu zamanı nasıl değerlendirebileceğimiz konusunda seçenekler sunuyor.

"Amsterdam, müzeler kentidir. Van Gogh Müzesi, Madam Tusso Müzesi, Anna Frank'ın Evi... Yanı sıra alışveriş merkezleri, ünlü bulvar kafeleri. Ve Kırmızı Fener Sokağı! Seçim, sizlere kalmış..."

Kısa bir bocalamanın ardından dağılıveriyoruz. Müze seçeneğine rağbet eden, pek yok. Çoğunluk, bir türlü doyurulamamış alışveriş oburluğuyla, Dam Meydanı'nın arkasındaki caddeye, ünlü

(*) Kraliyet.

dünya markalarının boy gösterdiği bol ışıklı mağazalara koşuyor. Orta yaşın üzerindeki birkaç kadın, sıradan birer dükkân görünümündeki, kapısı ardına kadar açık casino'lara dalıveriyorlar.

Ya ben? Ben ne yapacağım?

Sanata düşkün, müze gezmeye bayılan yanımla gazeteci kimliğim kıyasıya savaşıyor. *Anna Frank'ın Hatıra Defteri*'ni okumuş, beyninde hâlâ izlerini taşıyan biri, Anna Frank'ın Evi'nin önüne kadar gelmişken, nasıl içeri girmez? Madam Tusso'nun Mumyalar Müzesi'ni görmeden, gidilir mi Amsterdam'dan? Ya Van Gogh tabloları! Hazanın, hüznün, sarının dans eden gözyaşları... Onlara dokunmadan olur mu hiç?

Gazetecilik merakım, yaşadığım içsel çatışmadan galip çıkıyor. Karar verilmeyegörsün; ardına sığınacağım gerekçeleri bulmakta da zorlanmıyorum. Geç oldu, diyorum kendi kendime. Müzeler kapanmak üzere, hepsine birden yetişemem. En iyisi, onları yarına bırakmak.

Önümdeki bana ait iki saati, Kırmızı Fener Sokağı'nda değerlendirebilirim...

* * *

Dünyanın uyuşturucu, seks ve fuhuş merkezi olarak anılmak, Amsterdam'a yapılan en büyük haksızlık! İlginç konumuyla, kanallarıyla, özgün mimarisi ve modern çehresiyle; eşsiz güzellikteki çiçekleri, ille de laleleri, dünyaca ünlü peynirleri; Flaman ressamlarının peyzaj çalışmalarında hep var olan gri bulutlarıyla, müzeleriyle, Kuzey Avrupa'nın kültür ve sanat merkezi oluşuyla anılması gerekirken... Reva görülen, bu olmamalı.

Dam Meydanı'nı diklemesine kesen sokak boyunca yürümeye başlıyorum. Gitmeyi hedeflediğim yere ait en ufacık bir ipucu yok ortada. Amsterdam'daki üç yüz kadar coffee shop'tan birkaç tanesiyle tanışıyorum yalnızca. Camları fümeleştirilmiş, içerideki siluetlerin belli belirsiz seçildiği, puslu görünümlü dükkânlar...

Doğru yolda olduğumdan kuşkuluyum nedense. Her şey öylesine olağan görünüyor ki... Yol üzerindeki, işletmecisi kadın olan bir manava girip soruyorum.

"Kırmızı Fener Sokağı'na nasıl gidebilirim?"

"Hiçbir yere sapmadan, düz devam edin. Yüz metre ilerde."

Benim sıkılgan soruşuma, rahat, bu tür sorulara alışkın tarzda bir yanıt.

Çevreme bakına bakına yürürken manzaranın değişmemesi, beklediğim izlere ulaşamayışım, sorumu bir kez daha yinelememe neden oluyor. Bu defa, gazete satıcısının arsız sırıtışı eşliğinde alıyorum yanıtımı.

"Önünde durduğunuz kanal boyunca uzanan yol, Red Light Street'tir!"

Nefti yeşil suyun üzerindeki köprüden sola kıvrılıyorum.

Yüzünü bana değil de ters yöne çevirmiş bir zenci, "Eroin!" diyor. Alıcı olsam, dönüp pazarlığa girmeye hazır. Duymazdan geliyorum.

Ve... Başımı kaldırdığımda, kanala paralel uzanan sokağın üzerinde sıralanmış binaların pencerelerinde onları görüyorum: Vitrindeki kadınları!

Binalar, genellikle iki katlı. Alt katları dükkân görünümünde. Ön cepheler tümüyle cam. Üst katlar da aynı genişlikte pencerelere sahip. Yanlarda, açık tutulan kırmızı kadife ya da saten perdeler asılı. Perdeleri kapalı olan odalarda belli ki müşteri var, sanat icra ediliyor içeride.

Camların gerisinde abartılı makyajları, çıplaklık ölçüsünde dekolte giyimleri, davetkâr tavırlarıyla boy boy, renk renk, şekil şekil kadınlar... Manken kusursuzluğundaki bedenlerin yanında, etine dolgun ya da sıska denecek derecede zayıf olanlar, farklı beğenilere hitap edebiliyorlar.

Ortak noktaları, tavırlarındaki cilve, çıplak bedenlerinden fışkıran dişilik yetmezmiş gibi mimikleriyle, el kol hareketleriyle kendilerini izleyen müşteri adaylarını iyiden iyiye kışkırtacak erotik davranışları ve aralık duran dudaklarının kenarındaki çarpık gülüşler...

Kadın turistlere dönüp bakan yok içlerinde. Hatta onların varlığından rahatsız olur gibiler. Değer verdikleri cins, erkek. Müşterileri onlar çünkü. Takmaymış gibi duran uzun, ojeli tırnaklarıyla, "Gel," diye içeri davet ediyorlar avlarını. Yüzlerinde, bu işi yapmaktan keyif alır gibi bir ifade...

Bu kadınların hepsi de seks manyağı değil ya! Belli ki olması gerektiği gibi, kendilerine verilen basmakalıp rolleri başarıyla oynuyorlar. Sol çaprazımda kalan vitrinin ardındaki kadın, şeffaf iç çamaşırının çekiciliğini yeterli görmemiş olmalı ki, siyah deri bir koltuğa oturup bacaklarını iki yana açıveriyor. Diğerlerinden rol çalıyor sanki... Başımı öte yana çeviriyorum. Sonra da gülüyorum halime, benden başka aldıran yok...

Kanal boyunca sıralanan evlerin devamı, ara sokaklarda. Buradaki evler, odacıklar halinde; vitrinleri yoldan geçenlere daha yakın. Öyle ki, arada cam olmasa, elini uzatan kadını tutabilecek.

Canımı sıkıyor bu görüntü, değişik türde bir hayvanat bahçesinde olduğum hissine kapılıyorum. Odalar kafes; hayvanlar da, para kazanmak için kendini teşhir etmek, pazarlamak zorunda kalan kadınlar...

Asıl ilginciyse, kadınların çoğunun üçüncü dünya ülkelerinden oluşları. Gördüğüm kadarıyla, Hollandalı ya da Kuzey Avrupalı yok aralarında. Farklı ırklar, farklı diller, farklı dinler... Ancak, hepsi aynı şarkıyı söylüyor.

Tek tornadan, ancak değişik kalıplarla dökülmüş mumlar misali kadınlardan birine takılıp kalıyor gözlerim. Irkının özelliklerini yadsırcasına uzun boylu, çekik gözleri takma kirpiklerle çerçevelenmiş, kuzguni siyah düz saçları beline inmiş, kırmızı saten sutyen ve külotunun içinde vakur bir ifadeyle ayakta duran Japon kadın, diğerlerinden öylesine farklı ki...

Kimseye gülmüyor, geleni geçeni cilveli hareketlerle içeriye davet etmiyor. Tek kişilik bir sahne oyunu sergiler gibi koltuğa oturuyor, oradan kalkıp siyah saten çarşaflı yatağa bırakıyor bedenini. Ellerini, kollarını, bacaklarını, belli bir koreografiye bağlı olarak dans eder gibi ustalıkla kullanıyor. Başkaları için değil de kendisi için oynuyor sanki.

Büyülenmişçesine izliyorum onu. Keşke görüntüleyebilsem, diye delice bir istek uyanıyor içimde. Rehberimiz, fotoğraf çekmek yasak, diye uyarmış; ancak, meraklı turistlerin belli etmeden birkaç kare alabildiklerini de eklemişti.

Şu ana kadar hiç gerek duymadım. Arsız bir et pazarıydı gezdiğim. Burada ne şartlarda bulunurlarsa bulunsunlar, her an harekete geçmeye hazır bedenleri ve en az müşterileri kadar hevesli yüz ifadeleriyle kadınlığı alçaltan, yerlerde süründüren dişi sürünün bireyleriydiler gözümde. Bu işi zorla yaptıklarını düşündürecek en ufacık bir iz yakalayamamıştım.

Bu Japon kızı farklıydı ama. Duruşunda bile bir başkalık vardı. Oturduğu koltuktan doğrulup başını kaldırdığında, göz göze geliverdik. Kadın turisti görünce yüzünü çeviren diğerleri gibi yapmadı; hatta, sergilediği oyunu izleyen seyircilerinden biriymişim gibi, hafifçe gülümsedi bana. İşte o an, ellerim kontrolümden çıkıverdi. Ceketimin içinde boynuma asılı duran fotoğraf makinesinin düğmesine basıverdim.

Ne büyük hata! Japon dilber, elektrik akımına kapılmış gibi titreyerek yerinden fırladı, öfkeden iki yatay çizgi haline gelmiş gözleriyle bir süre süzdü beni. Sonra da, kırmızı saten perdeyi hışımla suratıma çekiverdi.

Öylece kalakaldım orada. Gelip geçenler arasında, "Neden ürküttün kızı? Burada fotoğraf çekilir mi hiç?" gibisine birkaç suçlayıcı bakış...

Kendime karşı, kendimi savunacak gücüm yok. Gene de isyanla doluyum. Her şey tersine işliyor burada. Vitrinin gerisindekilerin zerrece suçu yok; ben gariban, tek kare fotoğraf çekmişim... Yargılayacaklar neredeyse.

Daha ne bekliyorum? Yürüyüp gitsem ya! Yapamıyorum... Gözlerim kırmızı satenin kıvrımlarında, öylece bekliyorum.

Birazdan aralanıyor perde.

İnanılacak gibi değil! Camın arkasından, elindeki kuzguni siyah saçları bana doğru uzatıyor Japon kızı. Perukmuş!

"Al, tak başına," diyor el hareketleriyle.

Yalnızca başarılı bir sahne oyuncusu değil, iyi bir pandomimci de. Tüm derdini işaretlerle anlatabiliyor.

"Gel," diye çağırıyor beni. "Gel, yer değişelim. Sen içeriye, ben dışarıya..."

Anlatmak istediği açık...

"İkimiz de kadınız, aramızda hiçbir fark yok," demeye getiriyor. "İçinde bulunduğumuz şartlar değişse, sen de benim yerimde olabilirsin."

Ürperiyorum... Tokat yemiş gibiyim. Kımıldamaktan korkarcasına hareketsiz, karşımda sergilediği hüznü, hüzünle izliyorum.

Bu kadarını yeterli görmüş olmalı ki, biraz öncekine eşdeğer öfkesiyle yeniden çekiyor perdeyi.

Bu kez fazla bekletmiyor ama. Açılan perdenin ardında, peruk da olsa sırma saçlarına kavuşmuş, alımlı ve görkemli haliyle beliriveriyor yeniden. Beni görmüyor artık. Kaldığı yerden, tek kişilik oyununu sürdürüyor. Kimselere ödün vermeyen, mağrur duruşuyla...

Hangi şartlar altında olursa olsun, kişiliğimi yitirmedim ben, der gibi.

Belli ki bana sunulan gösteri buraya kadar. Arkamı dönüp kalabalığın arasına karışıveriyorum.

Sokağın başında, zencinin biri sesleniyor arkamdan.

"Eroin..."

Amsterdam'ın Kırmızı Fener Sokağı'na akşam çöküyor. Ağır ağır...

Ve ***vitrindeki kadınlar***'ın üzerine...

Katran karası koyuluğunda!

UZUN YOL ARKADAŞI

Hatırlayacaksın, el ele çıkmıştık yolculuğumuza. Sen ve ben, kanları deli akan iki çılgın çocuk... Hesap kitap yapmadan, önümüzdeki eğlenceli görünen yola atıvermiştik kendimizi.

Bu paylaşıma ömür biçecek olgunlukta değildik henüz. Kısa soluklu, kısacık bir yolculuktu işte... Nereye kadar giderseydi.

Ellerimiz birbirine kenetli, yürüyerek ilerlediğimiz çizginin bizi taşıdığı yer, yepyeni bir yol ayrımı oldu.

Kavşak noktasındaki ses, "Ya devam edersiniz ya da bitirirsiniz," diye fısıldıyordu kulaklarımıza.

İlk duyan sen oldun, ilk yanıt veren de.

"Sevdim bu yol arkadaşlığını," dedin. "Sen de sevdiysen eğer, sürdürmeyi isterim."

Beraber katetmeyi öngördüğümüz yol uzamıştı, yürüyerek aşılmazdı. Bisikletinin arkasına aldın beni... Göğsümü sırtına yaslayıp sımsıkı sarıldım sana. Parmaklarımıza geçirdiğimiz halkalar, beline sardığım kollarımdı aslında.

Yaşamımızın belki de en güzel, en sorunsuz günleriydi onlar... Geçtiğimiz yerler mis kokulu, rengârenk çiçeklerle bezeliydi. Gökyüzünde tek bir bulut; cıvıl cıvıl kuş seslerinden, yerlere kadar eğilip bize yol veren ulu ağaçların yaprak hışırtılarından başka tek ses yoktu.

Zaman zaman havanın karardığı da oluyordu ama. Yağmura tutulup iliklerimize kadar ıslandığımız da... Önemsemiyorduk, birbirimizin teninde kurumayı keşfetmeye başlamıştık çünkü.

"Daha da uzatalım yolumuzu," dedin sen. "Hep yanımda olmanı istiyorum..."

Böylesi bir yolculuğu bisikletle yapamazdık. Güneş rengi, güneş ışıltılı bir arabanın anahtarlarını uzattın bana. Ruhsatına imzalarımızı attık... Bizimdi o artık!

Sahibi olduğumuz, sıradan bir dört teker değildi. Uzun, upuzun sürmesini dilediğimiz iki kişilik yolculuğumuzun yeni sayfasını aralarken, en az bizim kadar heyecanlanan, koynundakileri geleceğe taşıyacak güvenli ve gerçek bir dosttu o.

Direksiyona sen geçtin. Ne o zaman, ne de sonrasında direksiyonu elinden almak gibi bir isteğim oldu. Yanındaki koltuğa yerleştim, bu kadarı yetti bana.

Güveniyordum sana. Güvenli yolculuğun ilk şartı, sürücünün işinin ehli olmasıydı ve sen, hiç düş kırıklığına uğratmadın beni.

Önümüzde uzanan yol pürüzsüz değildi; engebelerle, başkaları tarafından konulmuş, aşılması güç engellerle doluydu. Kimi yerde çatallaşıyor; asfalttan toprağa, otoyoldan patikaya, durmadan şekil değiştiriyordu. Beraberce aştık hepsini...

Zamanı geldi, önceleri boş duran arka koltuklara iki konuk aldık. Kızımızı ve oğlumuzu... Kalıcı değillerdi, konuklardı, biliyorduk. Belli bir süre bizimle olacak, sonrasında kendi yollarına, kendi yolculuklarına kanat açacaklardı.

Tüm zorluklarına karşın, keyifli bir serüvendi bizimki... Yaşamın aydınlık ve neşeli yüzünü görmeyi, ona gülümsemeyi beceriyorduk ikimiz de.

Haftanın yorgunluğunu attığımız iki kişilik çilingir sofralarımız, hâlâ dün gibi hatırımda... Bütün günümü, senin en sevdiğin mezeleri hazırlamaya harcardım. Barbunya, sarma, ille de sigara böreği...

"Kimseler senin gibi yapamıyor bu mereti," derdin, parmak inceliğinde sıkı sıkıya sarılmış, çıtır çıtır börekleri lokmalarken.

Rakı içerdik seninle. Kadehlere üçer parmak rakı koyar, eşitlendi mi diye bakardın. Sen ne kadar içiyorsan, ben de o kadar içecektim... Ne var ki, eşle dostla paylaşılan sofralarda, içki konusunda, bu denli cömert değildin. Aşırı neşelenmemi, olura olmaza kahkahalar atmamı istemezdin galiba. Böyle zamanlarda, iki parmak rakıyı yeterli görürdün benim için. Davranışlarımın önüne koyduğum sınırı asla aşmayacağımı bilsen de...

Ne başkalarının yanında, ne de yalnızken kadehimi uzatıp içki isterdim senden. Kişisel tutuculuğumdan belki, senin fark etmeni, gerek görüyorsan içkimi tazelemeni beklerdim. Biliyordum, hoşnuttun bu durumdan...

İkinci kadehin sonunda, kurulmuş bir saatin çalması gibi, sabırsızlıkla kıpırdanan gecenin kapısını aralar, bu kez de musiki dünyasının derinliklerine dalardık seninle. Udunu alır, karşıma geçerdin. İkimiz yürek yüreğe, Hacı Arif Bey'den başlar; Münir Nurettin Selçuk'a, Yesari Asım Arsoy'a, Sadettin Kaynak'a uzanan geniş yelpazede, en sevdiğimiz şarkıları terennüm ederdik.

Şarkılar değişirdi, ama hiç değişmeyen, mutlaka söylenen biri vardı aralarında. Fehmi Tokay'ın bayati eseri...

Benzemez kimse sana
Tavrına hayran olayım
Bakışından süzülen
İşvene kurban olayım

Lütfuna ermek için
Söyle perişan olayım
Bakışından süzülen
İşvene kurban olayım

Kırık sesinle alçak perdeden, gözlerini gözlerimden ayırmadan, yüreğindeki duyuşları iletirdin bana. Yılların beraberliğiydi paylaştığımız ama, bakışlarımı uzun süre bakışlarında tutmaktan utanır, başımı öne eğerek dinlerdim seni.

"Ölçülü mahcubiyet, kadına yaraşan en erişilmez mücevherdir," demiştin bir keresinde. O mücevherin izlerini benim yüzümde yakalamanın kıvancıyla...

Yaşanan her günün ardından, daha da sıkı yapışırdık koltuklarımıza. Arabayı durdurmak, aşağı inmek aklıma bile gelmedi. Kapıyı açıp atlamayı, belirsizliğin karanlığında yitmeyi delicesine istediğim o uğursuzluğu yaşadığımız günlerin dışında...

Öylesine gerilere gömdün, öylesine önemsemedin ki, belki de hatırlamazsın bile... Ama ben unutmadım, unutamadım!

Arka koltuğa birileri oturmuştu... Çocuklarımız dışında, yabancı, davetsiz birileri. Gelgeç konukları arka koltukta ağırlardık ya... Ama içlerinden biri, benim oturduğum yere göz dikince, atıvermiştin arabadan.

Ancak, o atış anına kadar yaşananlar var ya... İncitti, beni, örseledi, yaraladı. Hem de tahmin edemeyeceğin kadar çok!

İşte o zaman, yolculuğumuza noktayı koyup, beni asla bulamayacağın bir yerlere kaçıvermek istedim. Ellerime yapıştın, kollarıma... Eskisinden de sıkı kenetlendin bana. "Bağışla," dedin.

Bağışlamak! Öylesine zordu ki... Önümdeki seçeneklerden hangisine doğru yürüyeceğimi bilemiyordum. Her şeyi öylece bırakıp gitmek, kolaycılıktı; onca emeği, onca uzun yol arkadaşlığını sıfıra indirgemek demekti. Bağışlamayı ise kendime yediremiyor; yüreğimin sesiyle kafamdakileri, kafamdakilerle gururumu bağdaştıramıyordum.

İlk sarsıntıyı atlatınca, farklı bir gözle bakmaya başladım yaşadıklarımıza. Sana olan bağlılığımın, sevgimin sınavını veriyordum ben!

Bağışlayan kimdi?

Yalnızca Tanrı!

Bir de anneler... Evladı kim olursa olsun, ne yaparsa yapsın, sevgisi asla eksilmeyen, kayıtsız şartsız affetmeye hazır anneler!

Benim sevgim, bu derece büyük müydü? Ne kadar büyük olursa olsun, gururumu yenebilecek güçte miydi?

Kendime sorduğum bu soruların yanıtını bulduğumda, düğüm çözülecekti...

Verdiğim yanıt, benim için de son derece şaşırtıcı oldu. Evet, sevgim, bir ananın yavrusuna duyduğu kadar büyük ve vazgeçilmezdi.

Ancak, ben senin annen değildim. Bu tür bir bağışlama, bir kereye mahsustu. Gururum da, en az sevgim kadar güçlüydü çünkü.

Arabamızı, bir süredir sarsıntılarla yürüdüğü taşlı yoldan çekip çıkardık. Geride bıraktığımız çamurlu arazinin üzerinden hiç geçmemiş gibi, unutulması gereken kirlilikleri derinlere gömdük. Kaldığımız yerden sürdürdük yolculuğumuzu...

* * *

Benim biricik yol arkadaşım...
Can dostum, yoldaşım! İyi insan, güzel insan; erkeğim, kocam...

Kızımızı arka koltuğundan gelin çıkardığımız, oğlumuzu askere uğurladığımız arabamızın direksiyonu boş artık. Sessizce süzülüp iniverdin aşağıya. Avuçlarımın arasından kayıp giden, billur kum tanecikleri gibi... Tutamadım seni!

Ama ben, tek başına da kalsam, dimdik oturuyorum yerimde. İçin rahat olsun, aşağı inip bir başka arabaya binmeye de hiç mi hiç niyetim yok!

Hem, o kadar da yalnız sayılmam. Direksiyonun gerisindeki koltuk, anılarımızla dopdolu. Biten tek şey, süresini dolduran, yılların ve yolların yorgunu yolculuğumuz.

Bilirsin, sürücüsüz bir arabayla yola çıkılmaz. İzninle, garaja çekeceğim onu. Son nefesime kadar, yan koltuğumdaki anılarla baş başa; hareketsiz, ivmesiz, tek kişilik bir yolculuğu yaşayacağım kendimce.

Sonrası mı?

Benden sonra hurdaya çıkarırlar arabamızı. İşlevini tamamlamış, modeli eski, kendinden önceki benzerleri gibi.

Araba mezarlıkları da böylesi hurda arabalarla dolu değil mi zaten...

KÖROCAK

“Gıız... Gız Emine, toprak başan olsun! Daha yatıyon mu? Galk da yeni günün nurundan nasibini alasın. Uğursuz göpek...”

Uykusunun içinde korkuyla sıçradı Emine. Memet, bu kadar sese inat, derin horultularla uyuyordu. Aceleyle şalvarını çekti ayağına. Biraz daha dursa, kapı yıkılacaktı sanki. Usulcacık mandalı çevirdi, dışarı süzülüverdi.

“Gusura galma ana, ayılamadım birden.”

“Gusura galmaymış! Ne gün galkıp da vaktiken ayılırsın ki? Bizim üstümüze güneş doğmazdı. Hadi hadi sallanma, al şu süt tasını, ocağa koy bakam... Gürcü Bacı, sabahın ilk sütü olcek, dediydi.”

Hemen tası kaptı Emine, ocağa seyirtti. Küçücük mutfak penceresinden dışarı ilişti gözü... Gün daha yeni ağarıyordu. Uykudaydı herkes.

Ocağı yaktı, sütü üstüne oturttu. Kaynanası tam arkasında durmuş, onu izliyordu. Beyaz tülbentin altından kurtulmuş saçları darmadağın, gözleri kanlı, kanlı... Dolaptan iki küçük çıkın çıkardı. Mendillere sarılmış, uçuşan yaprak, çiçek parçaları... Kaynayan süte dikkatle boşalttı.

"Bu dermanları Gürcü Bacı virdi. Ebegömeci, papatya... Damarlarını açacak. O patlayası damarlarını! Emmim gızı olmayaydın, oğraşır mıydım senlen bu gadar? İki ramazan geçti, daha uşak yok! Bula bula köroçağı bulmuşuk. Ama bilmiş ol; haçan ki ben sağam, oğlumu körocak komam! Gız mı yok? Biraz paraya gıydım mıydı, hepisi önümde pervane olur. Hadi, durma öyle gavat gibi, karıştır şunu..."

Hiç ses etmeden, usul usul karıştırdı Emine. Bu kaçıncı ilaç, kaçıncı dermandı; kendi de unutmuştu sayısını.

"Hadi gız, tamamdır. Donunu çıkar, otur üstüne... Damarların açılsın. Döl veresin bize, uşak veresin. Gucağım bebeyle dolsun."

Krize tutulmuş gibiydi Miriye Ana. Yılların bekleyişinin acısını çıkarır gibi, olanca hırsıyla kesik kesik söyleniyordu.

Şalvarını indirdi Emine. Sonra, donunu sıyırdı utana sıkıla. Buharı üstünde, buram buram ekşi kokan süte tiksintiyle baktı. Gözlerini yumdu, oturuverdi sıcağın üstüne.

Yaşlar fışkırdı pınarlarından. Bir ter indi sırtından aşağılara...

"Tamam. İşte böyle olcek... Dayan gız galtak! Uşak sahıbı olmak golay mı? Yatakta gıvranırkene ağlaman, de mi?"

Oyalı tülbentinin ucuyla gözlerini sildi Emine. Yaşların tümü sütün sıcağından değildi elbet. İçinin acısı, içinin kavurgan sıcağı kat kat büyük, kat kat yakıcıydı.

Dermanlı süt soğumaya yüz tutmuştu.

"Galk gız... Doğru yatağa! Tam sırası. Bütün damarların açıktır şindi..."

Elindeki battaniyeyle sardı Emine'yi. Kolundan tutup odaya doğru sürükledi, aralık kapıdan içeri itiverdi.

Bacakları titreye titreye yer yatağına doğru yürüdü Emine. Memet önce kıpırdandı, sonra duvara dönüp horlamaya devam etti. Saçlarının dibi boncuk boncuk terli, ağzından yastığa salyalar inmiş...

Usulca yorganın altına süzüldü Emine.

"Memet! Memedim..."

* * *

"Gız Zeyno, duydun mu? Miriye Ana, Memet'e yeni gelin getirirmiş..."

"He vallah, yazık oldu Emine'ye. Ama n'etsinler, bebesi olmayana avrat mı dirler buralarda?"

"Geçenlerde çamaşıra inmişti Emine. Bayılıverdi. Üzüntüden zahar... Ona bile ümitlendi fakirim. Yüklü müyüm, diyerekten..."

"Toyları bu perşembe. Miriye Ana'da bir telaş, sorma... Ne giycen gız o gece?"

"İçim götürmüyo valla. Emine sızlanırken geyin, süslen, eğlen. Nasıl olur ki? Bize düğün, ona dövün..."

"Boş ver sen, keyfen bak... Miriye Ana, bu sefer işi sağlama bağlıyo. İlk gece için Gürcü Bacı'ya ne dermanlar ısmarlamış, göreceksin. Yataklarının altı muska dolu. Duaların üstünde yatacaklar."

"Töbe töbe, çarpılmayalar..."

"Gülme! Emine'nin ah'ı onları çarpmazsa, heç bi şeycik olmaz."

* * *

"Emine, gız Emine... Öyle boynun bükük durma garşımda. Ben istiyom mu sanki? Senin rızan olmasa, vallah girmem gerdeğe... Susma gız, bi şeyler de. Sen benim ilk göz ağrımsın. He, demezsen olmaz bu iş. Gonuş gız, konuş başım için..."

"He demesem n'etcen ki?"

"O vakit iş değişir. Hem bak, o sana guma geliyo. Essah garım sensin benim..."

"Garının essahı, yalanı mı olurmuş?"

"Deme gız, üzme Memed'ini. Bilmez gibi gonuşursun... Anam yedi, bitirdi beni. Ağalarım desen öyle. Başka çare biliysen söyle, onu yapak."

"Yok Memed'im; biliyem, yok. Nasıl istiysen öyle yap."

"Sen de ağlama ama. Ona ne alırsam sana da aynını alcem. Beşibiryerde ona, sana da; burma bilezik ona, sana da; iki kat fistan ona, sana da... Anam da horlamaz artık seni. Güçlü kuvvetli gız Zöhre. İşin de golaylaşır, yorulmazsın bu gadar. Ne diysen, he mi?"

"He ağam, he... Gader he demiş, ben demesem n'olacak ki?"

***

"Hayırlı uğurlu ola Miriye Ana. Allah utandırmaya..."

"Amin bacım. Eh n'idek, biraz keseyi açtık emme, feda olsun oğluma. Varım yoğum odur! Gucağıma bebe versin, başka bi şey istemem."

"Emine nasıl, eyi mi?"

"Eyidir, eyidir. Onu da severim, Zöhre'yi de. İki bacı gibi geçinir giderler gari... İki gözümden biri Emine, öteki Zöhre. Ben başlarında olduktan kelli, heç gumalıklarını bilmezler evelallah..."

***

"Emine, yavrım... Gel şu şerbet tepsisini Memed'imle Zöhre'me götür. Hadi gız, sallanma. Ne duruyon?"

Emine, bacakları titreye titreye odaya girdi. Okunmuş şerbet kupalarını yere bıraktı.

Gözleri birer ateş parçası... Elleri kaynak sularından daha buz... Taştan bir heykel Emine. Kendi mezarının bembeyaz mermer taşı sanki.

Geri geri dışarı çıktı. Onun için düzenlenmiş yeni, küçük odasına attı kendini. Yatağa düştü, cansız gibi. Kupkuru, kaskatı...

✣ ✣ ✣

"Gıız... Gız Zöhre, gözün kör olsun, emi! Gel yat şoraya... Hacamatları soğutcen. Gız Emine, sen de şunun belini sıkıcana tut... Sıkma gendini galtak! Hah şöyle... Yöce Tanrı'm ikinizi de ala da, ben de gurtulam. İki garı, bir avrat olup da bana bir uşak viremediniz. Depprenme gız... Bu gaçıncı derman? Biraz delensem ben doğuracam. Lahpo garılar! Goca sizin neyinize? Aslanlar gibi yiğit oğlum, körocak galacak. Yanınıza gomam bunu. Ele güne irezil ittiniz beni..."

✣ ✣ ✣

"Ana be, bak ne diyom... Gülizar bibinin oğlu İbraam askerden dönmüş. Şeherde doğum doktorları varımış, diyo."

Miriye Ana, ince yufka ekmeğinin arasına irice bir parça kebap koydu, üzerine acılı ezmeyi döşedi, ağzını kocaman açıp hazırladığı dürümü yarısına kadar ısırdı.

"De bahalın dilinin altındakini..."

Mehmet, güç toplamak ister gibi, ayran tasından irice bir yudum aldı.

"Diyeceğim odur ki, Emine ile Zöhre'yi bir de doktora göstereydik... İbraam dedi ki, üstüne üstlük benim de doktora görünmem gerekmiş."

"Hadi ordan gavat herif! İbraam ne bilir? Biz bu gadar uşağı tohturla mı getirdik? Halt etmiş o, halt etmiş..."

"Ana, diyom ki..."

"Ah benim gafasız oğlum! Bu garılar seni aptal etmiş. Eşek eti yedirdiler zahar. Bi üstüne binmedikleri galdı. İste, sana bi dene daha getireyim. Bunların beceremediğini o yapar belkim...

Hem, şeherin tohturu ne yapacağımış? Benim etmediğim derman mı galdı? Gözlerine dizlerine dura işallah..."

"Hakkın var ana, emme... Bi de bunu sınasak, dediydim."

"Get ne halın varsa gör. Şeher tohturlarına aç avratlarını. Ah, buban olacağıdı ki! Bizim irkeklerimiz, tohtura muhtura uçkur mu açarıdı? Yarabbim, sen bağa sabır ver..."

* * *

"Hoş geldin goçum benim. Dediklerimi aldın mı şeherden? Nen var senin ülen? Gözlerin kan çanağı gibi..."

Mehmet, işaretle Emine'yle Zühre'yi içeri gönderdi. Çöker gibi oturdu yere.

Miriye Ana o zaman gördü ki, Memet eski Memet değil!

"Oğul, del'etme beni! Nedir bu halın? De bahayım anana..."

"Yeter ana! Kes gari... O horladığın Emine, o govaladığın Zöhre, senden daha avrat. Senin oğlun er değil!"

"Ne diyon sen? Heç öyle şey olur muymuş?"

"Olur ana, olur. Senin cahıl gafan almasa da, olur... Ben yanmışım, ben kül olmuşum da habarım yoğumuş."

"Ağnat bağa hele. Di bağa oğul... N'oldu? Gurbanın olam gonuş."

"Gabahat bendeymiş ana, doktor öyle söyledi. Benim uşağım olmazmış."

"Dediğine bah hele... Heç öyle şey olur mu? Buban, ağaların, gucaklar dolusu döl verdiler. Emmilerin..."

Memet'in yumruğu, gülle gibi indi sininin üstüne. Su kupaları şangırtıyla dört bir yana saçıldı. Ne yapacağını, ne diyeceğini bilemedi Miriye Ana. Dondu, kaldı.

Görmüyordu Memet, duymuyordu. Gözleri yuvalarından fırlamış, elleri yumruk yumruk, isyanla haykırıyordu.

"Sus ana! Yeter diyom sağa, yeter... Senin gafana uydum, neler geldi başıma... Hadi ben körocak galacağıdım; Emine'mle Zöhre'min gabahati neyidi? Onların da günahına girdik. Torunun olmadı deyi, dünyaları yıhtın başımıza. Ya onlar n'etsinler? Ana olamayacaklar, ana! Biri yetmedi, ötekinin de başını yaktık. Hangisinin yüzüne bakarım ben? İnsan içine çıkacak halım galmadı. De ana, de... Şindi gonuş. Heç durmayan dilin şindi gonuşsun."

"Etme oğul! İrkek gısmısı ağlar mı heç? Töbe töbe... Sen bağa yeten de artan bilem. Varsın uşağın olmıya... Canın sağ olsun! N'idek, gader işte..."

***

"Zöhre, ağamın gahvesini hazır ettim. Sen apar istiysen."

"Neden öyle den ki? Ne farkımız vardır?"

"Demem odur ki, ağam pek sıkıntılı. Belkim sen eylen gönlünü..."

"Golu ganadı gırık adamın nesini eyliyem gız? Aha şuracığımda bir ataş var. Alav alav yanıyor sankim... Of anam, of! N'idecez bilmiyem ki..."

"N'idecezi var mı? O bizim erimiz, yiğidimiz, ağamız... Başına maraz geldi deyi, goyverip gaçacaz mı? Yoh bacım, bundan kelli yaralıdır o. Gari hasım değiliz birbirimize. Ağamın bize ehtiyacı çoktur. Hadi, al şu gahveyi de yanına varıver..."

Emine ve Zühre...

Gönülleri kavruk, umutları yitik, manilere vurdular tüm dertlerini. Kimi kez haykırarak, kimi kez usul usul, kimselere duyurmadan...

Birer Anadolu türküsüydü söyledikleri. Gerideki nice Emine'lerin, Zühre'lerin söylediği ve bundan sonra da söyleyecekleri gibi...

KIZIL PERÇEMLER

Geç kalmıştı. Kızdı kendine. Biliyordu ki pazartesileri, trafiğin en yoğun olduğu gündü. Erken kalkıp bir önceki otobüse yetişebilseydi, bu telaşı yaşamayacaktı.

Neyse ki Mustafa Ağabey gelmemişti henüz. Dükkânı Aliş açmıştı. Günaydın deyip, soluk soluğa kalmış bedenini arka odaya dar attı. Ceketini askıya astı, banyoya geçti. Yer kovasına su doldurup deterjanla köpürttü.

Dükkânın temizlik işi ona aitti. Şimdilik! Bir ay olmuştu işe gireli. Günü geldiğinde, o da diğerleri gibi sınıf atlayacak, yeni yeni ustalaşmaya başladığı manikürle pedikürün yanına fön çekmeyi, saç boyamayı, makyaj yapmayı da ekleyecekti elbet.

Çalışanların hepsi gelmeden, ayak altında çalışanların sayısı artmadan bitirmeliydi işini. Tüm salonu boydan boya, iki kez paspasladı. Aynaları, ayna önlerindeki duvara raptedilmiş oval camları özenle sildi. Kül tablalarının içini ovdu.

Temizlik malzemelerini banyoya bırakıp mutfağa geçti. Çaydanlığın altını yaktı. Geldiğinde, çayının hazır olmasını isterdi Mustafa Ağabey. Neyse, kendine ayıracak zamanı vardı daha...

Boy aynasının karşısına geçti. Evden çıkarken düşük belli kot pantolonunun üzerine indirdiği tişörtünü yukarı çekti, bir hafta önce göbeğine taktırdığı piercing halkasını usulca okşadı. Evdekiler görse, ne derlerdi kim bilir... Yüzünde hınzırca bir gülüşle, sımsıkı toplanmış saçlarını çözüp omuzlarına döktü. Alnının üzerindeki kızıl hareli perçemleri kaşlarına kadar indirdi.

Sırf bu perçemler için bile Mustafa Ağabey'e minnet borçluydu. "Balyaj atalım sana," dediğinde, kulaklarına inanamamıştı Fatoş. Yüreği kıpır kıpır, müşteri kimliğine bürünerek oturuvermişti kuaför koltuğuna.

İşinde ustaydı Musti. Piyasa adamıydı, oyunu kurallarına göre oynamayı iyi beceriyordu. Yanına gelen çömezleri seramik hamuru gibi yoğuruyor, istediği kalıba döküp bambaşka kişilikler yaratıyordu onlardan.

Adlarının üzerinde oynamakla başlıyordu işe. Ali Aliş, Nesime Nesli, Fatma ise Fatoş oluveriyordu. Kendi adı Mustafa'yı da Musti'ye çevirivermişti ya...

Hepsini "hanım"lı, "bey"li hitaplarla çağırıyordu müşterilerin yanında. İlk kez "Fatoş Hanım," dediğinde, gülüvermişti Fatma. Çabucak kanıksadı ama. Fatma adını gerilere gömülmüş, Fatoş'la özdeşleşmişti artık...

Giyim kuşam konusunda da çok titizdi Musti. Çalışanların dış görünümleri, dükkânın aynasıydı. Bakımlı olmalılardı. Erkek kalfaların, hatta çırakların bile atkuyruklu, röfleli, jöleli saçlarla boy göstermeleri, onun tarzının görsel yansımalarıydı. Fatoş'un payına düşen de, perçemlerindeki kızıl röflelerdi işte...

İlk gördüğünde, hop oturup hop kalkmıştı babası. Göbeğindeki halkayı gizlemesi kolaydı, burnuna taktığı hızmayı da otobüse binerken çıkarıyordu ama, saçlarını saklayamamıştı haliyle. Neyse ki, kolay yatıştı evdekiler. Kabullenmelilerdi, sıradan bir tezgâhtar ya da fabrika işçisi değildi kızları. Madem bir kuaförde çalışıyordu ve eve para getiriyordu, bu tür farklılıklara katlanmak zorundalardı.

Yalnız Fatoş mu? Diğerleri de benzer çelişkileri fazlasıyla yaşıyorlardı. Aliş'in babası, oğlunun kulağındaki taşlı küpeyi görünce, "İbne mi olacaksın başıma?" diye bas bas bağırmıştı. Kars'tan gelmişlerdi büyük şehre; besbelli, böylesini kaldıramıyordu adamcağız. Gülerek anlatmıştı Aliş, farklı düzenlerden gelip bambaşka ortamlara ayak uydurmaya çalışanların arada kalmışlığını bilinçsizce dile getirirken...

Fatoş'un durumu da Aliş'inkine benzer izler taşıyordu. Mardin'den gelip iki göz gecekonduya sığışan beş çocuklu bir aile... Anne ve baba, göç ettikleri yörenin gelenek ve göreneklerine saplantı derecesinde bağlı.

Neden kızları, kuaför yerine bir başka işte çalışmıyordu ki? Fabrika işi, ütücülük, çocuk bakıcılığı...

"Son şansın," demişti babası, daha önceki sonu gelmeyen kuaför deneyimlerine gönderme yaparak.

Ne yapsındı Fatoş? İlkinde, sudan nedenlerle işten çıkarılmıştı. Diğerindeyse, patronunun tacize varan davranışlarına dayanamayıp kaçmakta bulmuştu çareyi.

Burada mutluydu ama! Kazancı iyiydi. Dolgun bir haftalık, yanı sıra bol bahşiş... Sosyetenin gözbebeği bir kuaförde çalışmak, büyük bir şanstı onun için. Yorgunluktan pestili çıksa da, umurunda değildi. Geleceğine umutla bakıyordu. Kuaförlüğün tüm inceliklerini öğrenip, kendi dükkânını açacağı günleri bile düşleyebiliyordu.

Dudaklarında keyifli bir türkü... Yüreğinde bin bir gülücük... Gözlerine yeşil, pırıltılı bir far sürdü. Kirpiklerini iki kat rimelledi.

Çilek pembesi rujla noktaladığı makyajının ardından, aynadaki yansımasına gülümseyerek baktı. Musti Kuaför'de başlayacak yeni gün için hazırdı artık...

* * *

Öğlen saatlerinde, müşteri yoğunluğu zirveye tırmanmıştı. Harıl harıl çalışıyordu herkes. Boyalar, röfleler, fönler, manikürler, pedikürler...

Üçüncü pedikürünü tamamlamak üzereydi Fatoş. İyiden iyiye ustalaşmıştı bu işte. İlk günlerin, pedikür leğenindeki bulanık suya baktıkça içi kabaran, öğürmemek için kendini zor tutan, geceleri o bulanık sularda boğulma kâbusları yaşayan Fatoş'u değildi artık. Güle konuşa işini yapıyor; kaşarlaşmış topukları, katmerli nasırları törpülerken, avuçlarının arasındaki ayağın sahibine laf yetiştirebiliyordu.

"Fatoş Hanım!"

Fatoş, işi bitmiş pedikür leğenini banyoya taşırken durakladı, patronunun vereceği emri yerine getirmeye hazır, beklemeye koyuldu. Musti ise, gözü Fatoş'ta, elindeki telefondan karşısındaki kişiye, "Tamam," diyordu. "On dakikaya kadar orada olur."

Telefonu kapatır kapatmaz, "Hemen hazırlan," dedi. "Suzan Hanım'a gideceksin. Suzi'ye! Pedikür ve manikür istiyor."

Duyduklarına inanamadı Fatoş. Suzan Hanım, patronunun en değer verdiği müşterilerinin başında gelirdi. Böyle hatırlı birinin evine gönderilecek kişi olarak seçilmek, büyük ayrıcalıktı. Belli ki, patronu güveniyordu ona. Bu güveni boşa çıkartmayacaktı.

Kullanılmamış bir çift kar beyazı havluyu, otoklavdan çıkardığı sterilize edilmiş manikür, pedikür gereçlerini özel çantalarına yerleştirdi. Üstüne başına çekidüzen verip uçarcasına dükkândan çıkarken, geride kalan kızların hepsi, kıskançlıkla bakıyorlardı arkasından.

Evi biliyordu Fatoş. Bir seferinde Suzan Hanım, alışveriş torbasını dükkânda unutmuştu da, götürmesi Fatoş'a düşmüştü. Dönerken, haftalığına yakın bir bahşiş vardı cebinde.

Ürkekçe zile bastı. Kapıyı açan orta yaşlı kadın, "Buyurun," diye yol gösterdi, önüne düşüp salona götürdü onu.

Büyülenmiş gibiydi Fatoş. Böylesine zevkli döşenmiş, böylesine görkemli bir evi ilk kez görüyordu. Kristal avizelerin, halıların, klasik koltuk ve yemek takımlarının, oraya buraya serpiştirilmiş gümüşlerin, kristallerin çılgınca dans ettiği düşler âleminin ortasında kendisini sabırsızlıkla bekleyen Suzan Hanım'ın, "Hoş geldin," demesiyle gerçek dünyaya dönebildi ancak.

Çingene pembesi, üzeri Çin iğnesi işlemeli ipek bir kimono giymişti Suzan Hanım.

"Gel şöyle," diye karşısındaki küçük taburevi gösterdi Fatoş'a. Kaşla göz arasında getiriliveren küçük leğen de bir an önce işe başlaması gerektiğini anlatıyordu sanki.

Geniş kanepeye kraliçeler gibi kurulmuştu Suzan Hanım. Fildişi duruluğundaki bacaklarını uzatarak, ayaklarını köpüklü suya daldırdı. Önce, ince uzun parmaklı, kadife dokunuşlu ellerin manikürünü yaptı Fatoş, ojelerini sürdü. Sonra da, yumuşamış ayakların pedikürüne geçti.

Kuaför dükkânındaki şen şakrak, bir söyleyip beş gülen Suzi, bugün biraz sinirliydi galiba. Fatoş topuklarını törpülerken, cep telefonda biriyle konuşuyordu. Zaman zaman yükselen, yükseldikçe tizleşen ses tonuna alışık değildi Fatoş. "Dünyanın kaç bucak olduğunu göstereceğim sana," yolundaki ani çıkışlarını da yadırgamıştı doğrusu.

En iyisi duymamış, fark etmemiş görünmekti. Kulaklarını tıkadı, tüm dikkatini yaptığı işe verdi. Ne var ki, kıpır kıpırdı Suzan Hanım. Konuşmasını el kol hareketleriyle ivmelendirdikçe, oluşan titreşimler tüm bedenine yayılıyor, ayakları Fatoş'un ellerinin arasından kayıveriyordu. Telefonun öte yanına, "Bittin artık! İpini çekeceğim senin," diye haykırdığında da, ipler tam anlamıyla koptu zaten. Fatoş'un tüm dikkatine karşın, pedikür makasının sivri ucu, Suzan Hanım'ın rahat durmayan sağ ayağının başparmağına, tırnak köküne saplanıvermişti.

Bir anda kırmızıya kesen suya umutsuzca bakakaldı Fatoş. Hemen toparlanıp Suzan Hanım'ın ayağını havluyla kuruladı, kantaşını tırnak köküne bastırdı...

Ayağını hırsla geri çekti Suzan Hanım. Telefonu kapatmış, tüm öfkesini Fatoş'a yöneltmişti.

"Beceriksiz yaratık!" diye avaz avaz bağırıyordu. "Bunun hesabını sormaz mıyım ben? O Musti denen herifi doğduğuna pişman etmez miyim? Bula bula seni mi buldu, bana gönderecek? Acemi yosma!"

Olmayacak bir yerden patlak vermiş kaynak gibi, gürül gürül akıyordu zehir misali sözcükler. Ne "kenarın dilberliği" kaldı, ne "gecekondu artıklığı", söylenecek...

"Defol git! Gözüm görmesin seni," diye noktayı koydu sonunda.

Usulca eşyalarını topladı Fatoş. Akan o bir damla kan kendi gözlerine yürümüş gibi, kıpkırmızı göz beyazlarıyla son kez baktı Suzan Hanım'a. Ağlamadı. Yaptığı bir hata vardıysa eğer, duyduğu bunca hakaretle, bedelini fazlasıyla ödemişti zaten.

Görünmez kanatlarla uçarcasına çıktığı dükkâna başı önünde, omuzları çökmüş bir halde girdi Fatoş. Suzan Hanım'ınkinden de ağır bir tepkiyle karşılaşacağının bilinciyle...

Yanılmamıştı. Musti'nin çelik soğukluğundaki bakışları, haberin kendisinden önce ulaştığını anlatıyordu. Başıyla arka taraftaki odayı gösterdi Fatoş'a.

Salon bıraktığı kadar kalabalık değildi; ama patronu, tek bir müşteri bile olsa, kimsenin yanında çalışanını azarlamazdı. Koskoca Kuaför Musti'ye yakışmazdı böylesi bir davranış.

Sarsak adımlarla odaya doğru yürüdü Fatoş. Daha içeriye adımını atar atmaz, Musti de arkasında bitivermişti. Kapıyı kapattı. Mengene gibi güçlü parmaklarıyla koluna yapışıverdi Fatoş'un.

"Allah belanı versin!" dedi dişlerinin arasından. Dışarıya ses gitmesin diye alçak perdeden konuşuyordu ama, söyledikleri yeterince keskindi.

"Suzi'ye yapılacak iş miydi bu? Yediğin haltı nasıl temizlerim ben? Hemen pılını pırtını topla... Defol!!!"

Nesi vardı ki toplayacak? Yedek tişörtünü, temizlik yaparken giydiği terliği bir torbaya koydu. Odadan çıktı.

Kapıya doğru yürürken, aynadaki yansımasına ilişti gözü. Ani bir kararla geri döndü. Aynanın karşısındaki boş koltuklardan birine oturdu. Sol eliyle, kızıl harelerle alev alev yanan perçemlerini sıkıca tuttu. Diğer elindeki makasla kökünden kesiverdi perçemleri.

Kalktı, avucunun içinde kıvranan saç tutamını salonun köşesindeki çöp kutusuna attı. Bundan sonrasında, onlara gerek olmayacaktı artık...

VEDA

Caminin avlusu çok kalabalık. Takım elbiseli, kravatlı erkekler, ortama uymak amacıyla saçlarının bir bölümünü örtmekle yetinmiş, şık giyimli kadınlar... Biraz sonra kılınacak cenaze namazını bekliyorlar.

Daha önce, böylesi bir törende hiç bulunmadım. Ailece, kadınların cenaze namazına gitmediği bir geleneğin belki de son temsilcilerinden olduğumuz için. Annemle babamı ebediyete uğurlarken bile, evde yakınlarımızla oturup, namazı kılınmış sevgili bedenleri taşıyan cenaze arabasının, mezarlıktan önce uzun yıllar birer parçası oldukları mekâna getirilişlerini sabırla beklemiştik. Sonra da arabalara doluşarak, birkaç kürek topraktan oluşan yeni yuvalarına götürüp bıraktık onları.

Bana kalsa, bugün de gelmezdim buraya. Ama, zorla getirdiler!

Ahşap tabutu avlunun ortasındaki musalla taşının üzerine yerleştirmişler. Yıkanmış, kefenlenmiş, cansız bir beden var içinde.

O, BEN'im!

Buraya kadarmış beraberliğimiz... İkimiz de nicedir, özgürlüklerimize kavuşmanın sabırsızlığı içindeydik. Ancak, son zamanlarda iyiden iyiye cılızlaşmış, küçülmüş o et ve kemik yığınından sıyrılıp çıkmanın hiç de kolay olmadığını söylemeliyim.

Şu anda, yükseklere tırmanmış soyut varlığımla, tepeden, kuşbakışı izliyorum onu. Hem onu, hem de kederlerini koyu renkli gözlük camlarının ardına gizlemeye ya da abartılı bir şekilde dışa vurmaya çabalayan dostlarımı, yakınlarımı...

Son görev, diye geçiriyorlar içlerinden, biliyorum. Son görev!

Babam, yıpratıcı çalışma ortamında uğradığı haksızlıklara dayanamayıp ani bir kalp kriziyle aramızdan ayrıldığında, Ankara'dan, genel merkezden gelen siyah takım elbiseli, oturaklı beyefendiler de, "Merhuma son görevimiz!" demişlerdi.

Annemin acılı yüreğinden taşan yanıtı ise sert ve kesindi:

"İlk görevinizi gereğince yapabilseydiniz eğer, son görev için bugün burada olmazdınız!"

Ardından da, "Cenazeler, riyakârlığın, ikiyüzlülüğün kol gezdiği yerlerdir," demişti bana. "Ölen kişinin yükünü üzerlerinden atıp, günlük yaşamlarına dönmenin sabırsızlığı içindedir herkes."

Gel de hak verme! Canlı örneği karşımda işte. Timsah gözyaşları, gözyaşına bürünememiş, güdük kalmış sahte hıçkırıklar... Ve sözüm ona avuntu niyetine edilen anlamsız sözler...

"Kurtuldu! Allah'ın sevgili kuluymuş. Daha fazla çekeceğine..."

Ağzınıza sağlık!

Haklılar aslında... Son iki yılımı yaşanmamış sayabiliriz. Önce bir göğsüm, sonra diğeri; ardından rahim, mesane ve sol akciğerin üçte ikisi...

Fıkra gibi! Parça parça, ufak ufak kaçıyordum bu dünyadan da, kimseler farkında değildi.

Göğsümü alacaklarını söylediklerinde yaşadığım yıkıntıyı, diğerlerinde yaşamadım. Alışıyor insan... Kocam da gereken desteği fazlasıyla verdi doğrusu. O sıralar benimkinden genç ve diri memeleri avuçladığından belki, fazla umursamadı meme eksikliğimi ya da umursamaz göründü. Önemli olan sağlığıma kavuşmamdı. Kavuşamadım ne yazık ki...

Başlangıçta "sürtüğün teki" diye nitelediğim o kadına da, bir bakıma minnet borçluyum. Dar günlerinde kocama destek oldu. Zifiri karanlıktan çıkmış gözlerin, küçücük bir ateşböceğinin ışıltısıyla bile kamaşıvermesi misali... Hasta yatağının başucunun kasvetli havasından sıyrılan, bunalmış bir bedenin, sağlıklı kollarda avuntu buluşu.

Bundan sonrasında ne yapar, bilemem ama; şu anda çok ağlıyor kocam. Yanına yaklaşan, taziyelerini ileten herkesle yeniden tazeleniyor sanki yarası. Sahte değil haykırışları, inanıyorum ki, yüreğinin tüm hücreleriyle, gerçekten ağlıyor bu kez. Yaptıkları ve yapamadıkları için...

Ve oğlum! Bir taneciğim...

Amerika'dan bugün gelmiş. Onun gelişi için, iki gün morgun soğuğunda beklettiler beni. Feda olsun! Eli tabutumun üzerinde, burada dökülen yaşların belki de en gerçeklerini döküyor annesine.

Dudakları kıpır kıpır, ahşap sandukanın içindeki cansız bedenle konuşuyor kendince.

"Affet beni," diyor. "Gelemedim sana. Son kez olsun göremedim yüzünü..."

O seni duymaz yavrum! Ama ben, olmayan kulaklarımla duyabiliyorum yakarışlarını...

Geçen yaz Türkiye'ye geleceğine, Miami'ye gittiğin için sakın suçlama kendini.

"Gelecek yıl okulum bitiyor, son bir tatil..." dediğinde, itiraf etmeliyim ki, ince bir sızı duydum içimde. Gelecek yıl, çok geçti benim için; hissediyordum. Bir daha göremeyecektim seni.

Ama böylesi, benim de işime gelmişti doğrusu. Kemoterapiden saçları, kirpikleri, kaşları dökülmüş; eriyip kuş kadar kalmış bedeniyle görmemeliydin anneni. Eski günlerdeki diri, cıvıltılı görüntümle kalmalıydım aklında.

Ağlama bitanem. Kıyamam sana... Dayanamam döktüğün o inci tanelerine...

Ezan sesiyle beraber, kalabalıkta bir kaynaşma oluyor. İmamın hemen arkasında erkekler... Kadınlar geride. İçlerinden birkaçı, erkeklerin arkasında saf tutuyor. Son zamanların gözde eylemi...

Namazım kılındı.

"Merhumeyi nasıl bilirdiniz?" diye soruyor imam.

Sevenim, sevmeyenim, herkes hoşnutmuş benden! Ne güzel...

Küçük bir isyan kıvranıyor içimde. Haksızlık bu! Neden bana da sormuyorlar, bu insanları nasıl bilirdin, diye...

Madalyonun tersini çevirince başka sorular üşüşüyor olmayan beynime: Madem iyiydim, hoştum, benden razıydı hepsi; neden sağlığımda söylemediler bunu? Neden sevgileriyle sarıp sarmalamadılar beni?

Tabutum eller üzerinde yükseliyor.

En önde kocamla oğlum. Cenaze arabasına yerleştiriyorlar. Gözyaşları artıyor galiba... Gidenin kimliği düşünülmeden, bir gün onun yerinde kendisinin uğurlanacağını düşünen herkes, cömertçe akıtıyor gözyaşlarını. Kendileri için, bana ağlıyorlar.

Cenaze arabası mezarlığa doğru yola çıkarken uğurlayıcıların çoğu, son görevlerini yapmış olmanın verdiği iç huzuruyla avlunun çıkışına doğru yürüyor. Zihinlerindeki hüzünlü ve karanlık kareyi silip bir an önce günlük yaşamlarına dönmenin telaşı içindeler. Daha kapıya varmadan başörtülerini sıyırıp çantalarına atan hanımefendilerden birkaçının, buradan doğruca konken partisine gideceğini adım gibi biliyorum.

Beylik laf, hayat devam ediyor...

Mezar kazılmış, konuğunu bekliyor...

Dualar arasında tabutumu açıyorlar. Kar beyazı kefenin içindeki bedenim, toprağın şefkatli kollarına teslim ediliyor.

Günün en hüzünlü anları bunlar... Önce kocam, eline tutuşturulan kürekle toprak atıyor üstüme. Sonra da oğlum! Hıçkırıklarla sarsılan bedenini güçlükle ayakta tutuyor. İki kürek toprak... Ardından babasına sarılıyor. Hıçkırıkları, sarsılışları birbirine karışıyor.

Hep böyle olun! Sarmaş dolaş, bir ve beraber... Şu gördüğünüz toprak yığınının altındaki BEN'i de aranızda yaşatmayı sürdürün.

Sık sık mezarlık ziyareti yapmanızı beklemiyorum sizden. Yüreğiniz benimle olsun, yeter. Geride bıraktığınız cismim, toprağa karışıp gidecek zaten... Ama ben, farklı bir boyutta da olsa, hep sizlerle olacağım.

Ayrılık saati çalıyor, duyuyor musunuz?

Daha önce hiç görmediğim parlaklıkta bir ışık huzmesi, ısrarla çağırıyor beni... Direnemiyorum.

Veda zamanıdır artık!

Hoşça kalın.

Hoşça ve sevgiyle...

ŞÜPHE

Gördüklerine daha fazla dayanamayacaktı. Kocası ve sevgilisi, onun varlığından habersiz, sarmaş dolaş olmuş cıvıl cıvıl gülüp konuşuyor, öpüşüp koklaşıyorlardı.

Kocasının yüzü mutlulukla aydınlanmış, gözleri ışıl ışıldı. Tıpkı kendisine sevgi dolu sözler fısıldadığı zamanlardaki gibi... Sevgilinin yüzünü tam olarak görememişti. Gereği de yoktu zaten.

Neşeli kahkahaları, depremler yaratıyordu beyninde. Yeter artık, diye düşündü. Son vermeliyim bu işkenceye... Çantasını açtı. Küçük tabancanın soğukluğu içini serinletti. Hayret, elleri titremiyordu bile... Hınçla bastı tetiğe. Bir daha, bir daha...

Kahkahalar susmuştu. Boğazına bir şeyler düğümlendi önce. Sonra da, boşlukta uçuyormuşçasına hafiflediğini hissetti...

Birden sıçrayarak uyandı. Ter içinde kalmıştı. Yer ve zaman kavramlarını yitirmiş gözleriyle etrafına bakındı... Kocası, endişeli bir yüzle üzerine eğilmiş, saçlarını okşuyordu.

"Ne oldu bitanem?"

Her zamanki gibi sıcacıktı sesi. Serra'nın ellerini sımsıkı tutan elleri de... Ne var ki, bu sıcaklığı duyamıyordu genç kadın.

"Kâbustu galiba..." diye mırıldanarak yastığa gömdü başını.

Yeniden uykuya dalmıştı kocası. Derin, huzurlu bir uykuya. Oysa Serra, bu huzurdan öylesine uzaktı ki...

Mutlu, herkesin imrenerek baktığı bir evlilikleri vardı... Evine son derece düşkün bir erkekti Erhan. Uzun bir arkadaşlık döneminin ardından evlenmişlerdi. Aradan geçen beş yıl, mutluluklarını azaltacağına daha da arttırmıştı.

Özel bir şirketin genel müdürüydü Erhan. İki yıl önce de şirketin ortakları arasına girmişti. Genç yaşında başarıyı yakalayan, parlak bir işletmeci... Maddi durumları her geçen gün daha da iyiye gidiyordu. Erhan, evliliklerinin ilk yıllarında alamadığı pahalı hediyeleri, şimdi rahatlıkla alabiliyordu karısına.

Bir hafta öncesine kadar, her şey ne kadar da güzeldi...

O gün kocasının elbiselerini temizleyiciye gönderecekti Serra. Ceket ceplerini boşaltırken, sert bir şey çarptı eline... Bir anahtarlıktı bu! Altın bir anahtarlık. Ucunda da, sallanan bir anahtarla alev alev yanan bir kalp...

Şöyle bir durakladı. Kocasının kullandığı bütün anahtarları tanırdı. Ev, işyeri, araba... Hayır, hiçbiri değildi. Hem Erhan, böyle süslü püslü şeyler kullanmaktan hiç hoşlanmazdı.

İçgüdüsel bir irkilişle, bunun bir kadına ait olabileceğini düşündü. Sonra da kızdı kendine. Bunca yıldır tanıdığı, inandığı, yaşamını paylaştığı kocasına bunu yakıştırmak, haksızlıkların en büyüğüydü.

Ancak, kendine hükmedemiyordu; içine kuşku girmişti bir kere... Elinde anahtarlık, koltuğa çöküverdi. Son zamanlarda sıklaşan iş toplantıları, gecenin geç saatlerine kadar süren yemekler... Bunların altında yatan, elinde tuttuğu anahtarlık olmasındı sakın.

Peşin hüküm verme Serra, diye geçirdi içinden. Anahtarlığı aldığı yere koydu. Ortada bir suç varsa eğer, o suça yataklık ettiğini düşündüğü lacivert takım dışındaki tüm elbiseleri temizleyiciye gönderdi. Şimdilik kaydıyla, unutmaya çalışacaktı o küçük altın parçasını...

Ama unutamamıştı işte! Bilinçaltının kıvrımlarına sinmiş kuşku zerrecikleri, geceleri kâbus olup karşısına dikiliyordu artık...

O akşamüstü Ayla'nın gelişi, parlamaya hazır alevlerin üzerine dökülen bir bidon benzindi sanki... Ayla, arkadaşının içine düştüğü çıkmazdan habersiz, kendi kanayan yaralarını açtı Serra'ya.

"Kocam," diye başladı, ağlamaktan yumruk gibi şişmiş gözleriyle. "Kocam beni aldatıyor Serra! Uzun zamandır şüpheleniyordum... Artık eminim."

"Dünyada inanmam!" diye haykırdı Serra. "Kenan Ağabey, seni aldatacak ha...

"Kenan Ağabey, Kenan Ağabey... Gökten zembille inmiş sanki! Sonuç olarak o da bir erkek değil mi? Bu işi yapmayacak tek bir örnek var mı içlerinde?

Dün gece yine o bitmez tükenmez iş yemeklerinden birindeydi beyimiz. Son zamanlarda bu tür yemekler öylesine sıklaşmıştı ki... Birden, birileri dürttü sanki beni. Cep telefonundan aradım. Baktım, bir kadın sesi... Kenan Bey arabayı park ediyor, demez mi?"

"Yemeğe çıktıkları gruptan birisi olamaz mı?"

"Olamaz! Çünkü o sesi tanıyorum ben. İki yıl önce de peşindeydi Kenan'ın."

"Neler diyorsun sen Ayla? Yani bu ilk değil mi?"

"Değil ya... İki yıllık macera, anlayacağın. İşyerindeki arkadaşlarından biri çıtlatmıştı. İnanmamış, gülüp geçmiştim. Bana karşı öylesine iyiydi ki... Doğum günü armağanı olarak alınan arabalar, pahalı mücevherler... Meğer hepsi, suçluluk duygusundanmış! Sus payı niyetine sunuyormuş bunları bana..."

"İnanılacak gibi değil! Dışardan bakıldığında, öylesine ideal bir çift gibi duruyordunuz ki..."

"Ben de öyle düşünüyordum. Ah benim akılsız kafam! Kör gözlerim... Aldatılma durumlarında, insana en çok ne dokunuyor, biliyor musun? Aptal yerine konulmak! Ama hayır, bu kez aptal olmadığımı göstereceğim onlara."

"Ne yapmayı düşünüyorsun?"

Birden süngüsü düşüverdi Ayla'nın. Çaresizlikle omuz silkti.

"Bilmiyorum... İlk seferinde de böyle olmuştu. Bağırıp çağırıp dünyaları ayağa kaldırmıştım. Tövbeler, yalvarmalar, yeminler... Araya giren eş dost, yakınlarımız..."

"Eee... Sonra?"

"Ne olacak? Yelkenleri suya indiriverdim. Ne yapabilirdim ki? İki çocukla... Ekonomik özgürlüğüm olmadan."

"Ama artık bir işin, iyi çalışan bir butiğin var. İki yıl öncesinin, koca eline bakan Ayla'sı değilsin artık."

"Bir şeyleri değiştirir mi bu sence? Kendi ayaklarımın üzerinde durabilir miyim?"

"Kararı verecek olan sensin."

"Kendi ayakları üzerinde durmak! Keşke söylendiği kadar kolay olsa. Hele benim gibi, sırtını kocasına yaslamaya alışmış kadınlar için, öylesine zor ki... Baksana, bu işi becerip beceremeyeceğimi bile sana soruyorum."

Ayla, çantasından çıkardığı sigarayı titreyen elleriyle yaktı.

"Ah Serra, evliliğimizin ilk yıllarını nasıl özlüyorum, bir bilsen... Paramız azdı, ayın başını zor getirirdik. Ama mutluyduk... Keşke o günkü şartlar öylece kalsaydı. Gece gündüz, hırsla çalışırdı Kenan... İş başarısı onu adım adım yukarılara, zirveye doğru tırmandırırken, mutluluk basamaklarımızın aşağı doğru ineceğini nereden bilebilirdim?"

"İşte bu savurganlığı anlayamıyorum ben! Sevgiyi, her dağ başından bir kum tanesi hesabıyla toplayıp avucuna hapsediyorsun. Tam avucun dolacakken, parmaklarını açıp havaya savuruveriyorsun hepsini... Onca emek boşa gidiyor. Sevgi savurganlığında birbirimizle yarışıyoruz sanki."

"İnsanların, yaşam şartları iyiye giderken, macera hevesine kapılmaları da bu savurganlığın en çarpıcı örneği değil mi? Özellikle de erkeklerin... Arayış içine giriyorlar hemen. Elleri para görüp çevreleri genişleyince, uygun ortam kendiliğinden doğuyor zaten. Evin tekdüze havasına inat, dışardaki o karşı konulmaz cıvıltı... Buna dayanabilecek erkeği düşünemiyorum ben!"

"Bu tür genellemeler yapman yanlış."

"Erhan yapmaz, demeye getiriyorsun ha... Şunu o güzel kafana sok: Erkeklere güven olmaz! Birbirlerinin ruh ikizidir onlar. Bu şartlarda, kocana kayıtsız şartsız güvendiğini söyleyebilir misin?"

Bir gün önce olsaydı, haykıra haykıra savunurdu kocasını Serra. Ama şimdi... Sesi çıkmıyordu. Bakışlarını kaçırdı Ayla'dan. Başını öne eğdi.

Gözlerinin önünde anahtarlar, anahtarlıklar, altın kalpler uçuşuyordu...

***

O gece yine geç geldi Erhan. İş yemeği uzamıştı...

Açılan kapının sesiyle, uzandığı kanepeden kalktı Serra. Yüzünde maske gibi duran bir gülümsemeyle kocasını karşıladı.

"Serra... Sen daha yatmadın mı hayatım? Benim yüzümden uykusuz kalmana dayanamam..."

İşte, Ayla'nın söylediği gibi, karısına karşı çok iyi davranıyordu Erhan da. Madem o açık vermiyordu, Serra da sonuna kadar belli etmeyecekti içinden geçenleri.

"Karşılıklı bir kahve içeriz, diye düşünmüştüm..."

"Benim anlayışlı karım! Üstümü değiştirip geliyorum hemen."

Kahvelerini içerken, "Kenan'ın Ayla'yı aldattığını biliyor muydun?" diye soruverdi Serra. Sonra da o gün Ayla'yla konuştuklarını kısaca anlattı.

"Bak bitanem... Belli ki, duyduklarına canın sıkılmış senin. Haklısın. Ancak, suçu biraz da kendinde aramalı Ayla... Erkekler, yanlarında bakımlı ve ilgili bir eş olsun isterler. Belki Kenan aradıklarını bulamıyordur. Ayla'nın konken tutkusundan da hoşnut olmadığının yakın tanığıyım."

"Kenan'ın bu işte hiç mi suçu yok yani?"

"Olmaz olur mu? Davranışları, iki çocuklu, aklı başında birine asla yakışmıyor. Üstelik, adım gibi biliyorum ki, karısını da çok seviyor."

"Sevgi bile, aldatma konusunda engelleyici olamıyor demek..."

"Maalesef. En az sevgi kadar önemli bir konuyu atlıyoruz çünkü: Paylaşım! Aynı çatı altındaki anne, baba ve çocuklar birbirlerini sevmeden yaşayabilirler mi? Hayır! Az ya da çok, her evde sevgi vardır... Ancak bireyler, ayrı tellerden çalmaya başlarsa, paylaşım azalıyor. Sevgi sürse bile acılarını, tatlılarını, zevklerini paylaşmaktan vazgeçiyorlar. Ondan sonra da, ister istemez, farklı paylaşımlara ve arayışlara yöneliyor insanlar... Kenan'ın ev dışında, Ayla'nın konken masalarında yapay mutluluk arayışları gibi."

Serra'yı omuzlarından tutup kendine doğru çekti Erhan.

"Herkesin karısı benimki kadar mükemmel olsa, bu sorunların hiçbiri yaşanmaz ki..."

* * *

Ertesi sabah geç uyandı Serra. Bütün geceyi gözleri duvara dikili, düşünerek geçirmişti çünkü; sabaha karşı ancak uyuyabilmişti.

Kalktı, giyindi. Gardırobu kapatırken eli ister istemez lacivert cekete gitti...

Birden kalakaldı. Anahtarlık yoktu! Ne anlama geliyordu bu? Evet evet, Erhan bugün o anahtarı kullanacaktı...

Kararsızdı. Başrolünü oynadığı filmin yavaş çekimdeki sahnesini çeviriyormuş gibi, ağır devinimlerle hazırlandı, evden çıktı. Birkaç vitrinin önünde amaçsızca durdu. Ne yapacağını, nasıl davranacağını bilemiyordu.

Saatine baktı, öğlen olmuştu. Erhan'ın işyerine gitse miydi acaba? Yemeğe çıkarlardı belki... Adımlarını hızlandırdı. Gecikirse kararından cayacağından korkuyordu.

Asansörle yukarı çıktı. Büronun kapısında durakladı. Yabancı biriyle ilk kez buluşacakmış gibi heyecanlıydı. Titreyen ellerle kapıyı açtı.

"Hoş geldiniz Serra Hanım," dedi sekreter. "Erhan Bey de şimdi çıktı. Merdivenlerden indiği için karşılaşmadınız herhalde. Öğleden sonra gelmeyeceğini, sizinle beraber alışverişe çıkacağını söylemişti ama..."

Hemen toparlandı Serra.

"Ben de onu almak için gelmiştim zaten... İyi günler size."

Sesinin bu kadar sakin çıkmasına kendi de şaşmıştı. Asansörü beklemekle zaman kaybedemezdi. Koşar adımlarla, ikişer üçer atlayarak indi merdivenleri.

Erhan karşı kaldırımda, arabasına binmek üzereydi. Yoldan geçen ilk taksiyi çevirdi Serra.

"Öndeki arabayı takip edeceğiz," dedi şoföre.

Bir süre yol aldıktan sonra durdu Erhan, arabadan indi. Serra da biraz geride durdurdu taksiyi. Kocasını izlemeye başladı.

Erhan, ince bir mimariyle inşa edilmiş, lüks görünümlü, şık bir apartmanın merdivenlerinden çıkıp içeriye girdi. Bina yeniydi galiba... Bazı pencereler perdesizdi henüz.

Her şey ortada işte, diye düşündü Serra... Erhan hem kendisine, hem de işyerindekilere yalan söylüyor; sevgilisiyle buluşmak için her fırsatta buraya koşuyordu.

Taksiden inerken, apartmanın karşısındaki küçük pastane ilişti gözüne. Girdi, oturdu. Bina, oturduğu yerden tam olarak görünüyordu.

Kocasının burada, gizli bir aşk yuvası vardı demek... İçi acıyla burkuldu. Gözlerine dolan yaşları, sipariş almaya gelen garsona göstermemek için derin derin soluk aldı.

"Çay," dedi. "Bittikçe tazelersiniz."

Bekleyişinin uzun süreceğini baştan kabullenmiş gibi...

Her geçen saniye, Serra'nın varlığından da bir şeyler alıp götürüyordu sanki. Kocası apartmana gireli neredeyse üç saat olmuştu. Kaçıncı çayını yudumladığının farkında bile değildi.

Ve Erhan kapıda göründü. Yanında genç, güzel, alımlı bir kadınla beraber! İkisi de son derece neşeliydi.

Erhan dönüp gülen gözlerle apartmana baktı... Kadınla sarılıp vedalaştılar. Kırmızı küçük bir arabaya bindi kadın. Erhan, uzun uzun el salladı arkasından. Sonra da kendi arabasına binip hızla uzaklaştı.

Serra ise şaşkın, yıkılmış, perişan; öylece bakakalmıştı. Yavaşça doğruldu.

"Bitti bu iş!" diye mırıldandı. "Yaşamında benimle beraber başkasına da yer veren birisini, yüreğimde asla taşıyamam."

Ayla'nın davranış tarzı ona uymazdı. İki değil; üç, dört, beş çocuğu da olsa, bu duruma katlanamazdı Serra. Kararlıydı, ayrılacaktı Erhan'dan.

O cumartesi, beşinci evlilik yıldönümlerini kutlayacaklardı.

Beraberliklerine noktayı koymak için, o geceyi bekleyecekti Serra...

* * *

Her yıl, evlenme yıldönümlerini evde baş başa kutlamayı âdet haline getirmişlerdi. O gece de güzel bir sofra hazırladı Serra, özenle giyindi. Son ana kadar açık vermeyecekti...

Kapıyı açtığında, güllerin yoğunluğundan, kocasının yüzünü göremedi. Öylesine büyük, öylesine görkemli bir gül buketi vardı Erhan'ın kucağında...

"Abartmışsın," dedi Serra. "Ne gerek vardı bu kadarına..."

"Sayılarını bilmiyorum inan," diye güldü Erhan. "Ne kadar gül varsa, bu geceyi bizimle paylaşmalı, dedim çiçekçiye."

"Çok da güzeller..."

"Ama şu anda güzelliklerine gölge düştü. Seni gördüler çünkü, kıskançlıklarından çatlamak üzereler..."

İyi bir başlangıç, diye düşündü Serra. Bir de, bedeni benimleyken beyninin başka yerde olduğunu bilmeseydim...

Biraz sonra, mum ışığıyla aydınlanan masalarında, mutluluklarının şerefine kadeh kaldırıyorlardı.

"Yeni evliyken, ilk yılbaşı gecemizde içtiğimiz sirke tadındaki şarabı hatırlıyor musun?" dedi Serra.

"Hatırlamaz olur muyum? Paramız o kadarına yetmişti. Yanında da sarı leblebiden başka mezemiz yoktu ama, dünyalara meydan okuyan muhteşem bir aşkımız vardı..."

Ne oldu o aşka? Ne oldu?...

"Biliyor musun Erhan, hayatta içtiğim en güzel şaraptı o. Ne çok şey değişti o günden bu yana..."

"İnan bana bitanem, en güzel günlerimizi henüz yaşamadık."

"Belki duymuşsundur, evliliğin tek sayılı yıllarında; bir, üç, beş gibi; beraberliklerin sorgulanması gerekirmiş. Eşlerin bire bir yüzleşmesi anlamında..."

"Yüzleşme mi dedin? Çok sevimsiz bir sözcük bu! Sevgimizi sorgulamaya gelince... İtirazım yok. İlk günkü kadar tutkulu bir aşkla bağlıyım sana..."

"Hiçbir şey ilk günkü gibi kalmıyor Erhan. Kalamıyor..."

"Bu durum bizim için geçerli değil. Çünkü sevgimiz, aynı derecede güçlü. Değişen, sevgiyi gösterme şeklimiz yalnızca... O zamanlar bir çiçekçiye girip bütün gülleri satın alamıyordum. Bir demet kır çiçeği ya da tek bir gülle yüreğimi açıyordum sana. Ama özde barınan sevgi hep aynıydı."

"Parasal edinimlerin getirdiği yapay mutlulukları sevmiyorum ben."

"Yanlış düşünüyorsun... Parasız günlerimde, hiçbir şeye gitmiyordu elim. Oysa, pırıltılı vitrinlerin hepsini önüne sermek istiyordum. Şimdi sana, aynı duygular içinde bir şeyler alabiliyorsam, bunun getirdiği mutluluk neden yapay olsun ki? Para, sevginin sunumunda aracı olabiliyorsa eğer, gerçek değerini bulmuş demektir."

Kökeninde yatanların ağırlığı altında ezilmese, bu sözlerle sevinçten deliye dönerdi Serra. Öylesine yakın, öylesine sıcaktı ki Erhan bu akşam...

"Kaç yılı geride bırakmışız bak," diyordu. "Üç yıl arkadaşlık, beş yıl evlilik... Sekizinci yılımızın şerefine!"

Nereden başlayacağını bilemiyordu Serra. Tam gücünü toplayıp ağzını açacaktı ki, yerinden fırlayıverdi Erhan.

"Sıra geldi sana vereceğim armağana..."

Elini cebine attı. "Gözlerini kapa!" dedi.

Yüzük, bilezik ya da kolye, diye içinden geçirdi Serra. Kuyumcu işi, para kokan, ruhsuz ve sıradan bir armağan... Gerçek bir sus payı!

Erhan'ın avucuna bıraktığı nesneyi görmek için gözlerini açtığında...

"Olamaz!" diye haykırdı.

Avucundaki, günlerdir kâbuslar içinde kıvranmasına neden olan altın anahtarlıktı!

"Umarım yeni evimizi senden habersiz hazırladığım için bana kızmazsın. Uzun zamandır sır gibi saklıyordum. Senin göreceğin hale getirebilmek için büyük bir ekiple çalıştık. Şirketin dekoratörü Sevim Hanım başta olmak üzere..."

"Sevim Hanım mı?"

"Evet. İşinin uzmanı, harika bir insan. Yarın tanıştıracağım sizi. Beğenmediğin yerler olursa beraberce değiştirebileceksiniz."

Artık Erhan'ın söylediklerini duymuyordu Serra. Sımsıkı sarıldı boynuna. Kocasının sırrını öğrenmişti ama, kendi şüpheleri sır olarak kalmalıydı.

"Ya sen?" dedi Erhan. "Sen bana bir şey almadın mı bugün için?"

"Olur mu hiç? Benim de sana bir sürprizim var. Ama öyle çarşıdan, pazardan alınan armağanlara pek benzemiyor... Bundan sonraki evlilik yıldönümümüzde, üç kişi olacağız Erhan! Sen, ben ve bebeğimiz..."

Serra'yı tuttuğu gibi havalara kaldırdı Erhan.

"Beni ne kadar mutlu ettiğini bilemezsin," diye haykırdı. "Bundan daha güzel bir armağan düşünemiyorum..."

Elinde sıkı sıkı tuttuğu anahtarlığa bir kez daha baktı Serra.

"Benim için de bundan daha güzel bir armağan olamazdı," diye fısıldadı. "Teşekkürler..."

ÇİÇEKÇE

Rastlantıların bir araya getirdiği altı kişinin, uzun yıllardır sürdürdüğü destansı dostluklarının öyküsüdür bu... (Dile kolay, tam on beş yıl!)

Bu insanlar birbirlerine olan sevgilerini, saygılarını, anlayışlarını ve güvenlerini asla yitirmediler. Aradan geçen yıllar, daha da kenetlenmelerini, uzaklarda bile olsalar yüreklerindekileri hissedebilmeyi, sahiplenmeyi öğretti onlara.

Birbirlerinden hiçbir şeyi saklamadılar. Saklayamadılar, buna izin vermediler çünkü. Ne kadar açık oldularsa, o kadar sevdiler birbirlerini. Aralarında oluşan güçlü bağ, benzerine zor rastlanacak bağlılık, zaman içinde yaşam biçimine dönüştü her biri için.

Asla sitem etmediler. Suçlamadılar. Dinlediler, yalnızca dinlediler. Çok iyi anladılar birbirlerini, yormadılar. Eleştirdiler, ama küsmediler. Uyardılar, ama kızmadılar. Her şeylerini karşılıksız paylaştılar. Varlığı yokluğu, hastalığı sağlığı, doğumları ve ölümleri... Paylaştıkça azaldı acıları; sevinçleri, sevgileri kat kat büyüdü.

Yazgıları aynı şehirde, İstanbul'da buluşturdu onları. Ayrı şehirlere dağıldılar, ama asla kopmadılar. Hatta, daha da güçlendi aralarındaki bağ.

Onları kenetleyen, sihirli bir şeyler vardı sanki... Göz kamaştıran bir ışık, olağanüstü bir güç, tükenmeyen bir kaynak...

Ya da konuştukları ortak dil!

KAHRAMANLARIMIZ

AYŞEGÜL (Ben)

Eğitimli bir ailenin ortanca çocuğu. Sevmeyi seven, aşka âşık, son derece duygusal ve kırılgan... Yaratıcı, sağlam arkadaşlıklar kuran, hayatla savaşmayı bilen, insancıl...

Tek kusuru çabuk inanması. Hayal kırıklıkları yaşıyor bu yüzden. Ama hemen toparlanıyor, kendi gözyaşlarıyla boğulacağına, onların içinden dirilip, "Yeniden!" diyebiliyor.

Ailesi, özellikle de annesinin desteğiyle, donanımlı bir eğitim sürecinden geçti Ayşegül. Klasik bale, piyano ve tiyatro eğitimi aldı. Sanatsal girişimlerinde sonuna kadar desteklendi. Düzenli olarak yurtdışına gönderildi.

Kısıtlı aile bütçesiyle en iyi eğitimi vermeye çalışan annenin en büyük arzusu, kendi aile kültüründe gördüklerini çocuklarına aktarabilmekti. Bir yandan da içinde bocaladığı mutsuzluğunu çevredekilerden gizlemeye çalışıyor, kızının ileride mutlu bir beraberlik yaşaması için dualar ediyordu.

Çukurova Üniversitesi'nin belki de en gözde kızıydı Ayşegül! Eğitim Fakültesi'nde başarılı bir öğrenci, bale eğitmeni; mankenlik, çeşitli reklam ve oyunlarda aldığı rollerle adından sıkça söz edilen, "rol model" denilebilecek bir genç kız...

Üniversitenin ardından, İngiltere'de yüksek lisans eğitimi aldı. Düzenli olarak İstanbul'a gidip gelirken, sanat camiasına da ilk adımlarını atmaya başlamıştı.

O arada, hiç beklenmedik bir şey oldu. Arkadaşlık ettiği Arap kökenli bir ailenin oğluyla evleniverdi Ayşegül...

Yanlıştı! Kurduğu düzen bozulmuş, üzerinde hızla ilerlediği ışıltılı yol kesintiye uğramıştı.

Başlangıçta önemsemedikleri kültürel çatışmalar, mezhep farklılığı; yanı sıra kocasının ailesinin çevirdiği dolaplar, yiyip bitiriyordu evliliklerini. Sevgisizlik, arzu edilmeyen bir hamilelik ve yalnız geceler...

Ayşegül, kocasından ayrılıp, kucağında dört aylık bebeğiyle, tüm akademik ve sanatsal kariyerini Adana'da bırakarak, Antalya'ya taşındı. Savaşçı kişiliğiyle, yepyeni bir yaşama adım atıyordu. Çocuğuna güvenli bir ortam sağladı, kendine iyi bir iş düzeni kurdu.

Ve burada, İstanbullu, kendisinden on dört yaş büyük ikinci eşiyle tanıştı...

TAHSİN

Tahsin'le ikinci evliliğimin düğün hazırlıkları sırasında tanıştık. Düğünümüzün düzenlemesini A'dan Z'ye üstlenen organizasyon ve çiçek evinin sahibiydi. Bu yüzeyel tanışıklığın, zaman içinde köklü bir dostluğa dönüşeceğini ikimiz de bilmiyorduk henüz...

Yoksul bir ailenin oğlu Tahsin. İş hayatına teneke kutular içinde çiçek satarak başlamış. Şu anda, bu sektörde Türkiye'nin en tanınan ve aranan sayılı isimlerinden biri.

Bir insan işiyle ancak bu kadar özdeşleşebilir. Çiçekleri gibi narin, kırılgan ve sevgi doludur arkadaşım. Yaşamındaki yokluk ile varlık arasındaki çizgiyi, çalışarak elde ettiği servetiyle değil, kurduğu paha biçilmez dostluklar ve arkadaşlıklarla doldurmuş, muhteşem bir insan... Adam gibi adam, derler ya... Aynen öyle!

Randevu alıp çiçek evinde buluştuk.

"Gelin çiçeği, BEYAZ ORKİDE olsun," dedi Tahsin.

O zamanlar orkide bulmak zor, uçakla getirilir beyaz orkide...

"Neden ille de orkide?" diye sordum.

"ÖZELSİN ve GÜZELSİN, mesajını veren tek çiçektir de ondan," dedi. "Siz, o gecenin en özel ve en güzel kadını olacaksınız. Çiçeğiniz de öyle olmalı."

İşte o gün, aramızdaki derin dostluğun ilk adımı atıldı sanırım... Sonrasında, düğün hazırlıkları ve salon süslemeleri için sık sık bir araya gelirken, her seferinde, bir öncekinden daha keyifli sohbetleri paylaşır olmuştuk.

Tahsin'in yaratıcılığı ve yeteneği sayesinde, Pera Palas'ta harika bir düğün salonu hazırlanmıştı. Nostalji kokan, şubat ayının başında baharı çağrıştıran, muhteşem çiçeklerin doldurduğu bir salon...

Eşim de elinden esirgememişti doğrusu. Seviyorduk birbirimizi. Mutlu olacağımıza o kadar emindik ki!

Pera'nın büyüleyici havası... Orkestra, tangolar... Rüya gibi bir düğün, rüya gibi bir gelin...

Orada bulunan davetlilerin aklında kalanlar bunlar. Ancak, bir de madalyonun ters yüzü vardı: Düğüne zorla gelen erkek tarafı! Ve yine istenmeyen Ayşegül... İkinci evliliğini yapan bir gelin, damadın ailesine ağır gelmişti galiba.

Tahsin, gelin çiçeğini, orkidemi kendi elleriyle getirdi odama. Gözlerinde bin bir gülücük, içtenlikle, ömür boyu mutluluk diledi bize.

Salon süslemelerinde ise, en çok gül ve papatya kullanılmıştı. Tahsin'e sordum. Özel bir anlamı var mıydı acaba?

"***Ayşegül***'ün içinde ***gül*** var. Ve sen, bu çiçeğin adını çok güzel taşıyorsun. GÜL, sevgiyi ifade eder. Buradaki kırmızı güller eşin için, aşkı anlatıyor. Kırmızı ve beyaz, bir arada kullanılanlar ise beraberlik ve süreklilik anlamına gelir. Gonca güller, senin gençliğin ve güzelliğin... Pembeler de, benim güllerim! Arkadaşlığımızı ve dostluğumuzu dile getiriyorlar."

"Ya papatyalar? Bu inanılmaz zenginlikteki papatya bahçesi neden?"

"Temiz bir kalbin simgesidir PAPATYA. Seninse o kadar güzel, o kadar dokunulmamış bir kalbin var ki... Papatyanın her yaprağı, bir ümidi sergiler. Dilerim, papatyanın tek tek sıralanan o beyaz yaprakları, senin ümitlerin olur; hüznün ve elemin değil... Seviyor-sevmiyor yok senin çiçeklerinde. Yalnızca seviyor, seviyor, seviyor..."

Gerçekten de öyle oldu. Yaşamım boyunca bana zarar veren onca insana kızamıyorum bile. Hepsini bağışladım. Her şeye rağmen seviyorum onları.

"Papatyanın yaprakları bitişiktir, çift çift dururlar," demişti canım dostum. Anne karnına tutunmuş bebek ya da ayrılmayan sevgililer gibi...

Kırların beyaz, nazlı çiçeğini çok sevdim. Ancak onun çift duran yapraklarına benzemedi yaşantım.

Ayrılıklar, hüzünler ve yine ayrılıklar...

AAAA

Antalya'da tanıştığım, kızımı büyütürken ve hayatımı yeniden düzenlerken varlığı ile canıma can katan, bana güç veren, Kimya Fakültesi mezunu, patlayıcı madde uzmanı olan bu arkadaşım, İstanbul'da da beni hiç yalnız bırakmadı. Sevgiyle yoğrulmuş saraylı bir ailenin kızı olan dostum, bir devlet dairesinin önemli biriminde çalışıyor.

Düğün hazırlıklarım sırasında çok eğlendik onunla. Gelinliğimi havaalanında kaybettik, bulunca kahkahalarla güldük. Uçuş kartı alırken, biletime bakan yer hostesleri, nasıl hem anne hem de gelin adayı olduğumu anlamadılar, yine kahkahalarla güldük. Paramız bitti, simide talim ettik; martı çığlıklarına karıştı kahkahalarımız... Son paramızla kızıma en pahalı montu alıp içimiz rahatlayınca, gülerek kutladık birbirimizi.

Sırf beni görmek için her hafta kilometrelerce yol kateden AAAA'ya her kapı açtığımda, gülücükler de beraber açtı yüzümde. Yeri geldi, kızımın ilacını aldı, yeri geldi mutfağımın erzakını... İkinci annesi oldu kızımın.

Bir sabah yine Ankara'dan gelirken, elinde bir demet hanımeli vardı AAAA'nın. Otobüsten indiğinde görüp almış. Ne zaman hanımeli görsem, koklasam, AAAA'yı düşünürüm, hemen ararım onu.

HANIMELİ, sana olan bağlılığım sonsuza dek sürecek, anlamına gelirmiş. Benim sevgili dostumla olan ilişkim ve temeli yıllar öncesine dayanan dostluğumuz da sonsuza kadar sürecek, zerrece kuşkum yok bundan.

Gelin ayakkabımın altına, önce onun adını yazmıştım. Ama tutmadı, maalesef hâlâ bekâr arkadaşım. Küçük yaştayken, kanserden kaybetti sevgili babasını. Ailenin büyük ablası olarak, erkenden ağır yüklerin altına girmek zorunda kaldı.

Herkese sevgi dağıtan sevgili AAAA, üzgünüm ki, kendini sevmeyi bilmiyor. Hiçbir karşılık beklemeden çevresindekilere yardım etmeyi görev edinmiş iyilik meleğimiz, kendisinden nasıl bu kadar uzak kalabiliyor, anlayamıyorum.

(Tahsin ve AAAA, düğün hazırlıkları sırasında tanıştılar. Ve böylece, Ayşegül-Tahsin-AAAA dostluğunun temeli atılmış oldu.)

BBBB (Ünlü Psikiyatr)

Muhteşem, dillere destan olacak bir düğün, ünlü davetliler, sanatçılar...

Ve aralarında yine ünlü bir psikiyatr! O anda, sıradan bir konuk gibi tanıştığım bu kişinin, yaşamımdaki önemli kilometre taşlarından biri olacağını bilemezdim tabii...

Önce, açtığım drama merkezinde BBBB ile çalışmaya başladım. Aramızda kurulan arkadaşlık, zaman içinde aynı güzellikte bir dostluğa dönüştü. Sonraki yıllarda, eşimin ailesiyle, dolayısıyla eşimle de yaşadığım sorunlardan kaynaklanan bunalımlı dönemlerimde, BBBB'den destek aldım hep. Sabırla dinledi beni, yol gösterdi. Alacağım kararlarda en büyük destekçim oldu.

BBBB ile de bir çiçek öykümüz var... Sıkıntılı günlerimden birinde, Polenezköy'de kır yürüyüşü yapmış, menekşe toplamıştık. (MENEKŞE, çiçeklerin arasında alçak gönüllülüğü ifade eden tek çiçek.)

Menekşe zamanı geldiğinde, bahçelerimizi bir şekilde bu çiçekle donatıyor, tüm kareleriyle ruhumuza kazınan Polenezköy yürüyüşümüzü anımsıyoruz.

BBBB ile eğitim alanında ortak çalışmalarımız ve bilgi alışverişimiz hâlâ sürüyor. Büyük sırları paylaşıyoruz onunla...

Ufacık bir sıkıntıda ya da özlemde uçağa atlayıp bir öğlen ya da akşam yemeğinde beraber olabiliyoruz...

CCCC (Ünlü Tiyatro Sanatçısı)

"Gözlerinde denizi taşıyan kadın" o! Uçsuz bucaksız bir okyanusu seyre dalmanın erişilmez dinginliğini bulurum o gözlerde.

Yalnız mesleğinde değil, insanlara yaklaşımında, onların duyuşlarına dokunma becerisinde de gerçek bir duayendir.

Ablam, derim ona, içimden taşan tüm coşkuyla... Aramızda otuz küsur yaş var. Ama, kendimi yüz yaşında hissettiğim sorunlu ve hassas dönemlerimde, on sekiz yaşın diriliğiyle karşıma dikilip, kendimi koyuvermemin hesabını sorar benden.

Sohbetine doyum olmaz. Özellikle felsefi konularda... Güncel söyleşilerin arasına serpiştirdiği incilerle, dişi bir filozof olduğunu düşündürür karşısındakilere.

Birçok projeye beraber adım attık. Dizi filmlere beraber destek verdik.

YASEMİN, çiçeğimiz oldu.

"Güzelsin ve çekicisin," anlamına gelen yasemin... Bu özelliklerin bana yakışacağını düşünür o, biliyorum. Ama ben, pırlanta değerinden ablamın benden de güzel ve çekici, zaman zaman da daha genç olduğuna inanıyorum.

Dostluk zincirimiz genişliyordu... Tahsin, AAAA, BBBB, CCCC ve ben, sık sık Bebek Oteli'nin terasında oturup sohbet ediyorduk. Çok sevdik burasını. Arada kır gezileri düzenledik. Tahsin'in çiçek öyküleri anlattığı, doyumsuz geziler...

DDDD (Ünlü Moda Tasarımcısı)

Aramıza en son katılan dostumuz, kısa zamanda ayrılmaz bir parçamız oldu. O da mesleğinin duayenlerinden, şu anda yalnız Türkiye'de değil, dünya çapında tanınan başarılı bir modacı. Ama öylesine mütevazı ki...

Son derece duygusal bir yapısı var DDDD'nin. Yumuşacık, sevgi dolu bir yüreği...

Görmek, anlamak, hissetmek, sevmek ve doludizgin yaşamak... Hayatının vazgeçilmezleri.

Çiçeği, LALE. Aşkı anlatırmış lale...

Aşk ise, DDDD'nin her şeyi. Onun için aşk, doğa demek, ses demek, duyuş demek...

Bunların tümünü mesleğine yansıtınca, ortaya çıkan tablo da "başarı" oluyor haliyle. Dostlarının ve sevenlerinin alkış tuttuğu, rakiplerinin imrenerek izlediği erişilmesi güç bir başarı tablosu...

Tahsin, DDDD'nin defilelerinde çiçek düzenlemelerini yapıyordu. Bense, mankenlerin koreografi ve yürüyüşlerine, karınca kararınca destek veriyordum.

Defilelerin birinde ana tema, LALE ÇİÇEKLERİ'ydi. DDDD, tüm tasarımlarını rengârenk Türk motifleri ve laleler üzerine oturtmuştu.

Çiçeklerin dilini biliyordum artık; kırmızı laleler itiraf edilmeyen aşkları, alaca renkliler güzel gözleri, sarı laleler umutsuz aşkları anlatıyordu. DDDD, bu duyguların hepsini, eserlerindeki yansımalarla anlattı o gün.

Defilesini gül motifli bir kaftanla sonlandırdı. Ve onu ***Ayşegül***'e, bana armağan etti. Sevgisini ve dostluğunu iletebilmek için...

Dostluk zincirimiz, son halkasına kavuşunca, kadro tamamlanmıştı. Çevremizdekiler, bu gruba hayran oldular, imrendiler. Bazıları örnek aldı, bazıları kıskandı.

Asla yalan söylemedik birbirimize... Çılgınca eğlendik. Çok çalıştık. Kazandıklarımızı ailelerimizle, arkadaşlarımızla paylaştık. Paylaştıkça büyüttük sevgilerimizi...

Yaşları, meslekleri, yapıları farklı bu altı insan, bir akşam yemeğinde Boğaz'a karşı otururlarken, dostluğu irdelediler. Her biri, aralarındaki güçlü beraberliği kendince tanımladı...

Ayşegül, "Dostluk, beraber nefes almak ve dostların varlığında kendini güvende hissetmektir," dedi.

"Dostluk, kalbindeki tüm güzellikleri, ruhunda beslediğin çiçek bahçesini paylaşmaktır," dedi Tahsin.

AAAA'ya göre, "Zamana ve mekâna bakılmadan yapılan fedakârlık"tı dostluk...

BBBB, "Hissetmek, hissettirebilmek, vermektir," dedi.

CCCC, "Rolünü en iyi oynayabileceğin, sahne performansını muhteşem oyuncularla paylaştığın, ancak kendini amatör hissettiğin bir oyundur dostluk," dedi. "Çünkü en iyi performansını dostlarına gösterememişsindir hâlâ..."

DDDD ise, "Hayalimde tasarladığım tüm renkleri ve güzellikleri üzerinde taşıyan, ince ince ve hassasiyetle dokuduğum kumaştır," dedi dostluk için.

Biz o akşam çok güldük, çok konuştük. Ve... Hepimizin içinden yükselen tarifsiz bir duygunun kollarında, çok çok ağladık...

***

Dostlarımın desteği olmasa, yaşamımı nasıl sürdürürdüm, bilemiyorum. Özel hayatımda, öylesine aşılmaz güçlüklerle boğuşuyordum ki...

Eşimin ailesi, tüm akarları kesmiş, ekonomik baskı uyguluyordu bize. Onların karşısında duramadı eşim. Ve ben, çok varlıklı bir ailenin gelini olsam da, çalışarak aileme bakmak durumunda kaldım hep.

Bu arada oğlum doğmuştu. Çok zor şartlarda dünyaya getirdiğim bu bebek bile eşimin ailesinin yumuşamasını sağlayamadı maalesef. Hatta, torunlarını hiç görmediler diyebilirim. Önyargıları sevmeye izin vermiyordu.

Oğlumun doğumunda yaşadığım tek güzellik, Tahsin'in hastanedeki odamı ve kapının önünü yüzlerce çiçekle donatmasıydı. Görenleri hayran bırakan muhteşem bir çiçek bahçesinin ortasındaydım sanki. Tahsin, o dar günümde bile, kendimi prensesler gibi hissetmemi sağlamıştı.

İçinde bulunduğum sıkıntılı süreçte de, bana düzenli olarak PETUNYA gönderdi Tahsin. O zamanlar pek anlayamadım. Ama şimdi biliyorum, petunya, UMUDUNU YİTİRME anlamına geliyor...

Yaşamımı çiçeklerden aldığım güçle sürdürüyordum sanki... Çiçeklerle ilgili olumlu gelişmelere seviniyor, olumsuzluklara gözyaşı dökebiliyordum.

İstanbul'da yaşadığımız dönemde, villamızın bahçesinde beyaz bir akasya ağacı vardı. Bahçıvan, karınca yapar diye izinsiz kesince, çok üzülmüş, hatta ağlamıştım. Çünkü can arkadaşım AAAA'yla bu villayı almaya karar verdiğimizde, akasya çiçeklerinin kokusuna vurulmuştuk önce. Sonra Tahsin'den öğrendik; akasya ağacı, güzellik, zarafet ve karşılıksız sevgiyi ifade edermiş.

Bu olayın ardından da İstanbul'dan ayrıldık zaten... Eşim, ailesiyle tutuştuğu kavga sonunda restini çekerek şirketi terk edince, orada yapacak işimiz kalmamıştı. İzmir'e yerleştik. Ne var ki, birkaç ay sonra eşim bizi bırakarak, ailesinin yanına geri döndü. Tanımadığım bir şehirde iki çocuğumla yaşam savaşı vermek durumunda kalmıştım. Hepsinden önemlisi, sevgili dostlarımdan da uzaktaydım artık...

Neyse ki, kilometreler giremedi aramıza. Her gün konuşmaya başladık. Sürekli ziyarete geldiler beni. Kimi zaman sürpriz uçak biletleri gönderildi... Sık sık İstanbul'a gittim. AAAA, belli aralıklarla Ankara'dan İzmir'e geliyor, grubun İzmir görevini üstlenerek beni ve çocuklarımı ziyaret ediyordu. Evimin bahçesine hanımeli diktim onun için... Kocaman bir manolya ağacım var. Çiçeklerle olan serüvenim sürüyor yani...

* * *

Anlattıklarımın hepsi bir yana... Ciltler dolusu anılarımdan bir tanesi var ki, diğerlerini gölgede bırakacak güçte. Dünya üzerinde, o gün yaşadıklarımın benzerini yaşayan birinin daha var olduğuna inanmıyorum.

Yaşamımdaki belki de en zorlu dönem... Tercihini ailesinden yana kullandı eşim, çekti gitti. Boşanmak üzereyiz... Ekonomik durumum iyi değil. Aile şirketinden para alamayan eşim, maddi anlamda da beni destekleyemiyor. Çocuklar babalarını göremiyorlar, hırçınlar. İşyerimdeki sorunlar da cabası...

Tonlarca yük var üzerimde. Ev, iş, aile, çocuklar... Her cepheden yaralı, olumsuzlukların kıskacında ayakta durma savaşı veriyorum. Bir tek dostlarım var, içime su serpecek; onların da eli kolu yetmiyor ne yazık ki...

Eşimle kesin boşanma kararı aldığımız günün sabahı... Dibe vurmuşum artık!

Karanlıkların içinde avunabileceğim cılız bir ışık bulsam, çıkış yoluna ulaşırım belki... Ama yok! Yok işte, yok, yok, yok...

İşimin başında, aklımdaki bin bir çözümsüzlükle, öylece oturuyorum. İçimde kopan fırtınaları dışarı sızdırmadan, her zamanki gibi dik, başım yukarıda...

Telefon çalıyor... Tahsin! İçine doğmuş sanki...

"Rüyamda seni gördüm," diyor. "Kapkaraydı yüzün... İçim sıkıldı. Arayayım dedim..."

Terslenmiş, azarlanmış, çevresinde hiçbir yakınını göremeyince susup oturmuş küçücük bir çocuğun, nazını geçirebileceği biriyle karşılaşınca dudağını büzüp ağlaması gibi, çözülüveriyorum ben de. Çağıl çağıl, telefonun diğer yanına akıyor hıçkırıklarım...

"Beyaz bir orkidesin sen... Gül'sün. Ayşegül'ümüzsün bizim! Kır çiçeklerinin kraliçesi, papatyasın... Hiçbir şey solduramaz seni. Buna izin vermeyiz..."

Bu kez, Tahsin'in kadife yumuşaklığındaki sevgi dolu sesi bile yatıştıramıyor beni. Öylesine doluyum, öylesine perişanım ki...

Telefonu kapatıp ruhsuz bir et yığını gibi, çöküveriyorum koltuğuma. Önümdeki dosyalar iş bekliyor benden. Gözlerimi kurulayıp, şöyle bir silkiniyorum. İnci taneleri döküştürmeyi akşama, eve döndüğüm saatlere ertelemeliyim. Şimdi iş zamanı...

Aradan iki saat geçiyor, geçmiyor; odamın kapısında genç bir adam... Elindeki devasa gül buketini masamın üzerine bırakıyor.

"Mutluluk, her an yanında hissedeceğin dostlarının olmasıdır!" yazıyor üzerindeki kartta.

Bizimkiler! Can dostlarım benim... Adlarını, içlerindeki her bir harfi ilaç niyetine içer gibi okuyorum.

Beş dakika sonra yeniden aralanıyor kapım. Bir öncekinden de görkemli, renk renk mevsim çiçekleriyle oluşturulmuş kocaman bir buket...

"Mutluluk, en sıkıntılı anında dostlarının seni aramasıdır!"

İçimdeki karanlığın perdesi aralanıyor sanki. Bulutların arasından güneşin yüzünü görür gibi oluyorum.

Bir beş dakika daha geçiyor... Pembe-beyaz orkidelerle geliyor bu kez çiçekçi.

"Mutluluk, yüreğinde hissettiğin gülümsemedir!"

Bitti, diye düşünürken yenileri geliyor. Harika bir tanzimle bana sunulan papatyaların ardından, çiçekçinin peşine takılıyorum. Binanın merdivenlerini inip bahçeye çıktığımda, şaşkınlıktan donakalıyorum.

Kapının önünde İzmir'in en ünlü çiçek evlerinden birinin arabası duruyor. Soğutuculu, şehirlerarası taşımacılıkta kullanılan cinsten. Beş dakikada bir buket götürülecek, komutu almış çiçekçi.

(Daha sonra öğrendiğime göre, "Öylesine oyalamalıyız ki Ayşegül'ü, hiçbir şey düşünemesin bugün. Bizi hissetsin yanında, bir de çiçeklerin büyüsünü..." diye karar almış bizimkiler.)

Çiçeklerle, daha doğrusu dostlarımla kucaklaşmam, akşam saatlerine kadar sürüyor. Geniş çalışma odamda adım atacak yer kalmadı. Onlarca buket, binlerce çiçek... Ve ille de kartların üzerindeki o yazılar...

"Mutluluk, gözünü açtığında güneşi görebilmektir."

"Mutluluk, çocuğunun sana 'anne' demesidir."

"Mutluluk, yağmurun altında amaçsızca yürümektir."

"Mutluluk, sokakta hiç tanımadığın birine 'Günaydın' diyebilmektir."

"Mutluluk, kafa tuttuğun olumsuzlukları yendiğinde, duyduğun zafer sarhoşluğudur."

"Mutluluk, her şeye rağmen içinde hissettiğin yaşama sevincidir."

Gözlerimden sicim gibi yaşlar iniyor. Ama bu kez sevinçten... Okuduğum her kartta, ne kadar şanslı olduğumu düşünüyorum artık.

Dudaklarım kıpır kıpır, bu veciz sözlere, yüreklerinden kopup geldiğine inandığım tanımlara tek bir yanıtla karşılık veriyorum:

Benim için mutluluk, sizin gibi dostlara sahip olmak!

İyi ki varsınız. İyi ki tanıdım sizleri...

* * *

O gün, çok önemli bir ayrıntıyı keşfettim.

Farklı bir dili konuşuyorduk biz! Çiçeklerle anlatıyorduk duygularımızı birbirimize, çiçeklerle anlaşıyorduk. Bizi bir arada tutan da buydu belki.

Evet, bizim dostluğumuzun dili, **ÇİÇEKÇE**'ydi!

Konuşması biraz zor bir dil. Algılanması da... Onun için de herkes beceremiyor ya zaten.

Ama biz beceriyoruz.

O gün de ÇİÇEKÇE ile ulaştı bana dostlarım. Gözyaşlarımı mutluluk gülücüklerine çevirdiler. Yalnız olmadığımı hissettirdiler bana.

Onlara tapıyorum!!!

Ve... Dünya üzerinde ÇİÇEKÇE konuşan, bu dili konuşmayı başarabilen herkeslere selam olsun, diyorum...

YAŞANMADAN YAZILAMAZ (MI?)

"Romanlarınız gerçek yaşamınızdan izler taşıyor mu, yoksa her biri, sizin de iddia ettiğiniz gibi, kurgulama sonucu ortaya çıkmış hayal ürünleri mi?"

Okurları hep bu soruyu soruyordu yazara.

Hayır, kendini bir odaya hapsedip imgeleriyle boğuşarak yazıp çizen masa başı yazarlardan değildi o. Sokağa çıkıp insanların arasına karışmadan, onlarla aynı havayı solumadan asla yazamazdı. Yaşamın içinde gözlemlediklerini hayal gücüyle yoğuruyor; bazen tek bir sözcükten, bazen tek bir dizeden yola çıkarak öykülerini, romanlarını keyifle oluşturuyordu.

Hiçbir yapıtında bire bir kendini anlatmamıştı. Bir insanın yaşamında ne kadar çok yaşanmışlık olabilirdi ki? Otobiyografi türünde bir roman yazsa, arkasını getiremezdi. Edebiyat dünyası, böyle tek romanlık yazarlarla doluydu.

Ancak, kahramanlarının tümüyle kendisi dışında olduğunu da iddia etmiyordu. Roman ya da öykülerini oluşturma süreci içindeyken, onlarla bütünleşmesi kaçınılmazdı. Doğuşu bekleyen bu sancılı dönemlerde, gerçek bir tiyatro oyuncusu gibi, canlandırdığı kahramanın kişiliğiyle insanlar arasında dolanıyordu. Kimseler fark etmiyordu oyun oynadığını; içinde kopan fırtınaları hissettirmiyordu onlara. Ancak son cümleyi bitirip noktayı koyduğunda, kendi benliğine dönebiliyordu. Roman ya da öykü içindeki rolü bundan ibaretti.

"Kitaplarımdaki karakterler birer sentez," diyordu meraklı okurlarına. "Elbette benden de bir şeyler var, o sentezin içinde. Sizlerden olduğu kadar..."

İnanmıyorlardı. Özellikle de ilk romanı *Zümrüt*'teki karakterle özdeşleştiriyorlardı yazarı. İmza günlerinde, "Zümrüt Hanım" diye hitap edenler bile çıkıyordu.

Onlara göre, herkesin kendinden bir şeyler bulduğu, bu kadar etkileyici romanların gerisinde, yazarın dile getirmekten kaçındığı gizler, mutlaka vardı. Yoksa, böylesine tutkulu aşklar, yaşanmadan yazılamazdı!

Yazarın dili sade ve akıcıydı. Genellikle birinci şahıs ağzından yazardı; belki de bu yüzden, kendisini anlattığını düşünürdü okurları. Onunla yüz yüze konuşur gibi okuyorlardı kitaplarını. Aralarında sıcacık bir ilişki kurulmuştu. Kendilerine öyle yakın görüyorlardı ki, kimselerle paylaşamadıkları duygularını, hiç çekinmeden yazarla paylaşabiliyorlardı.

Her gün çok sayıda ileti geliyordu web sitesine. Yetişebildiğince yanıtlamaya çalışıyordu yazar. Aralarında, kitaplarını edebi yönden irdeleyip eleştirenler de vardı.

"İlk iki romanınız arasında büyük benzerlikler saptadım," diyordu bir okuru. Üniversite yıllarında başlayan aşklar, imkânsızlıklar, karşılaşılan güçlükler, benzer yapılardaki ailelerden gelen dik başlı, okumuş kızlar; onların evlilikleri, ayrılıkları..."

O kadar ileti arasında, bu benzerliği fark eden azdı. Kutlanmayı hak etmişti okuru. Oturdu, uzunca bir yanıt yazdı.

Bu benzerliği edebi bir hata olarak algılamak yanlış olurdu. Küçük bir "yazar oyunu" denilebilirdi belki... Dünya edebiyatında da örnekleri vardı. Evet, her iki roman da benzer yapıdaki, kişiliği güçlü, ayakları yere basan, özgüven sahibi, özgürlükçü ve aydınlık yüzlü genç kızların üniversiteye adım attıkları dönemde başlıyordu. Şiirlerle örülü masalsı aşklar yaşıyordu ikisi de. Ancak, bundan sonrasında yollar çatallaşıyor, farklılaşıyordu. Yazarın amacı da buydu zaten: Benzer yapıdaki insanların yaşam içindeki savruluşlarla nerelere sürüklenebileceğini vurgulamak istemişti.

Farklı yazgıların yarattığı çelişkili sonlar... Yazarın kendi içinde çarpıştırdığı iki kahramanın keskin yol ayrımı. Biri Avrupa'da saltanatlı bir yaşam sürerken, diğeri bir Doğu Anadolu şehrinde törelerle savaşabiliyordu...

Bir erkek okuru da, "Siz bir cadısınız!" diye başlık atmıştı yazısına. "Son kitabınızı okuduktan sonra yüzünüzü merak ettim. Beynimde oluşan imgeyle örtüşüyor muydunuz acaba? Web sitenize girip baktım. Yanılmamışım... Her gece gökyüzünde gezinmekten yorulmuş; biz zavallı fanilerin odalarında, yataklarının başucunda, yalnız kaldığımız her yerde sihirli değneğinin ucuyla yanaklarımıza dokunan; aşkın, sevginin, umudun bitmediğini fısıldayan, tam bir masal cadısı! Uçuşan saçlarınız, ince uzun parmaklı elleriniz, gülümseyen yüzünüz..."

Fiziğiyle ilgili bu tür abartılı övgüleri gereksiz buluyordu yazar. Dış görünümüyle değil, yazdıklarıyla ulaşmalıydı okurlarına.

"Sizin betimlediğiniz harika cadıya benzemiyorum ben," dedi yanıtında. "Sitede gördüğünüz fotoğrafa da aldanmayın. Fotoshop mu yapmışlar ne... Aslında ben, tam bir süpürge cadısıyım! Sivri burunlu, çirkin mi çirkin, süpürgesinin üzerinde uçan cinsten..."

Ancak, iletinin son paragrafına yanıt vermemeyi yeğlemişti. Boşuna dil döküş olacaktı çünkü... Şöyle diyordu okuru:

"...Sakın ha, romanınızdaki eşsiz kadının hayal ürünü olduğunu söylemeyin bana, inanmam... O aşk tanrıçası sizsiniz!"

Sıkılmıştı yazar; yorulmuştu, bunalmıştı.

Aşk romanları yazarı... Böyle anılmaktan hoşnut değildi artık. Türkiye'nin Barbara Cartland'ı olmak gibi bir niyeti ve iddiası da asla yoktu.

Farklı bir yol denemeliydi. Madem okurlarını, hatta yakın çevresindekileri bile inandıramıyordu... Öyle bir kişilikle çıkmalıydı ki karşılarına, canlandıracağı karakterle aralarında en ufacık bir benzerlik bulamasınlar...

Birkaç gün önce, ilginç bir ileti almıştı.

"Betimlemeleriniz harika, romanlarınızda yaşamın en ince ayrıntılarına kadar inebiliyorsunuz. Yaşanan mekânlar, kişiler, duygular, düşünceler... Eksik olan tek şey cinsellik! Neden cinselliğe de aynı derecede yer vermekten inatla kaçınıyorsunuz? O da yaşamın bir parçası değil mi? Hep platonik boyutlarda mı yaşanır aşklar?"

Haklıydı. Okur kitlesinin geniş bir yelpazeye dağılmış olmasındandı belki; iki cinsi birbirine yaklaştırırken, ölçülü davranmıştı hep. Gerek yoktu demek! Okuru istiyorsa, neden olmasındı?

Uzun uzun düşündü... Sonunda kararını verdi.

Tarzını değiştirecekti!

* * *

Küçük yaşlarda aile içi cinsel tacize uğramış bir erkek çocuğunun, yetişkinlik çağına geldiğinde yaşadığı bocalamalar, geçmişte kalmış gibi görünen travmanın şimdiki zamana, karşı cinsle beraberliklerine ve evliliğine ne şekilde yansıdığı... Genç adamın cinsel yaşamındaki aksamaların kökenine iniş...

Yeni tarzının ilk ürünü olan romanının teması buydu. Yazmaya başlamadan önce konuyla ilgili çok sayıda kitap okumuş, psikiyatr dostlarına danışmış; sağlam veriler toplamıştı.

Kitap, vitrinlerdeki yerini aldığında, büyük ilgi topladı.

"Aşk romanları yazarından farklı yapıt!" başlıklı söyleşiler yayımlandı edebiyat dergilerinde. Eleştiriler olumluydu.

Hepsi bir yana, hiç kimse yazardan izler aramıyordu kitabın içinde. Başarmıştı galiba. Bilerek seçtiği erkek karakterle de özdeşleştirecek değillerdi ya...

Ne var ki, bahar havası kısa sürdü. Yatalak annesine bakmak zorundaki yeniyetme kızın, üvey babası tarafından tecavüze uğramasıyla başlayan romanı çıktığında, yer yerinden oynadı. Kitabın bir hafta içinde çok satanlar listesinin başına oturuvermesi de, tüm ilgiyi yazarın üstünde toplamaya yetmişti.

Bu kez yöneltilen sorular, eskisinden de acımasızdı. Lolita konumuna yerleştirdikleri roman kahramanının, mağdur durumda olsa da, baştan çıkarıcı bir yanı olduğuna inanıyordu okurları. İşin asıl kötü yanı, kızın yaşadıklarıyla yazarın gençlik günleri arasındaki benzerlik ve ilişkilerin sorgulanmasıydı.

Ünlü ve deneyimli bir yazar dostu, "Aldırma!" dedi. "Benim de başıma gelmişti bir zamanlar... Kendisinden yaşça epey büyük bir kadına körkütük âşık olan gencin tutkulu sevdasını yazdığımda, en yakınlarım bile, 'Sen miydin o jigolo?' diye sordular bana. Olgun yaştaki erkeğin, genç ve toy bir genç kızla yaşadığı şiirsel aşkta ise, düştüğüm durum sübyancılıktı..."

Yazar da aldırmadı zaten. İstese de kalemini durduramıyordu çünkü. Ok yaydan çıkmıştı bir kere... Kendisinin bile şaştığı bir cüretkârlıkla, ardı ardına, buram buram cinsellik kokan eserler vermekteydi. Dönüşü olmayan, engebeli bir yola girmişti sanki...

Bu durumun edebi kariyerine yansıması, son derece üzücüydü. Önceleri edebiyat dergilerinde, gazetelerin saygın edebiyat köşelerinde yer alan söyleşileri, magazin sayfalarına kaymaya başlamıştı artık...

Eskisinden de çok ileti alıyordu yazar. Haddini aşan sorulara canı sıkılsa da, elinden geldiğince yanıtlıyordu hepsini.

Bulutların üzerindeki aşk kokulu pembe düşler, nasıl olmuştu da, kasık aralarına inivermişti?

Erotizme olan eğilimini, neden bugüne kadar gizlemişti okurlarından?

Porno film izler miydi yazar?

İşte bu son soru, çileden çıkmasına yetmişti. Ulusal bir televizyon kanalının düzenlediği "cinsel taciz" konulu açıkoturumda içini döküverdi.

Evet, eskisinden farklı bir tarzı vardı artık. Ancak, pornografik tek öğe yoktu kitaplarında. Erotik bile sayılmazdı yazdıkları. Cinselliğin estetik sınırlar içinde irdelenmesiydi yalnızca...

Bir kulaktan girip diğerinden çıktı bu sözler. Hatta, acar habercilerin merakını kamçıladı. Edebiyatçı kimliği unutulmuş, magazin gazetecilerinin peşinden koştuğu bir haber kaynağı haline gelmişti. Ailesi, özel yaşantısı mercek altına alınmış, acımasızca sorgulanıyordu.

Evli olduğu biliniyordu yazarın. Neredeydi kocası? Neden hiç yanında görünmüyordu? Asıl hayal ürünü olan, böyle bir kocanın varlığı mıydı yoksa?

Ve sonunda ipler koptu!

Amerika'dan Türkiye'ye tatile gelen yeğeniyle yemeğe çıktıkları gece, paparazzilere yakalandılar. Restoranın kapısında, patlayan flaşları engelleyemedi yazar.

"Yeğenim!" dedi, kimselere duyuramadı.

Ertesi sabah, tüm gazetelerin ilk sayfasındaydılar.

"Ünlü yazarı genç sevgilisiyle yakaladık!"

Bulanıverdi içi. İncinmişti. Hem de çok... Bir an önce uzaklaşmalıydı bu kokuşmuş ortamdan.

Silivri'deki, pek çok romanının doğuşuna mekân olmuş, denizi kuşbakışı gören bir tepede kartal yuvası gibi duran evine, biricik sığınağına kapandı. Televizyonun fişini çekti, telefonlarını kapattı. Gazete, dergi sokmadı eve. Görme ve işitme duygularını bir süreliğine tatile çıkarmıştı...

Sabahtan akşama tembellik ediyor, bahçedeki hamağa uzanıp çiçek kokuları arasında saatlerce kitap okuyor; çalışma odasına girdiğindeyse, bir şeyler yazacağına, yorgun bedenini divana atıp gözlerini tavana dikiyor; böylelikle, düşünme yasağı koyduğu beynindeki zehirleşmiş zerreleri dışa akıtıyordu kendince...

Uzunca bir süre devam etti arınma çabaları. Gelip onu, saklandığı korunakta bulacakları güne kadar...

"Biri sizi görmek istiyor," demişti yardımcısı. "Muhtarlıktan gelmiş. Seçim kütüğü için kayıt mı yapacakmış ne..."

Aralanmış kapının ardında, içeriye davet edilmeyi bekleyen oğlanın gazeteci olduğunu, ilk bakışta anlamıştı yazar.

"Geç içeri genç adam," dedi kayıtsızca. "Hangi gazeteden geliyorsun?"

Afalladı delikanlı, bu kadar çabuk yakalanacağını düşünmemişti besbelli. Suçlu suçlu, çalıştığı gazetenin adını mırıldandı.

"Madem geldin, işini tamamla," dedi yazar. "Ayrıcalığını da bil, buraya ilk giren gazeteci sensin... Öncelikle rahat ol. Çekinmene gerek yok... Evimin her köşesini açacağım sana."

Yardımcısının şaşkın bakışlarına aldırmadan, önce alt katı, salonu, verandayı gezdirdi davetsiz konuğuna. Sonra da önüne düşüp üst kata çıkardı. Yatak odalarını göstermeye gerek yoktu. Asıl haber kaynağı, çalışma odasında onları bekliyordu çünkü...

"Burası da, tüm kitaplarımı yazdığım, benim gizli dünyam... Mabedim!"

Gazeteci, ürkek adımlarla girdiği salon büyüklüğündeki geniş odayı incelemeye koyuldu...

Boş denecek sadelikte döşenmişti oda. Bir köşede koyu renk ahşap çalışma masası, iki duvarı boydan boya kaplayan, içinde çok sayıda kitabın dizili olduğu ceviz kütüphane, karşı duvara dayalı bir divan; köşedeki şöminenin iki yanında iki berjer koltuk... Ve ardına kadar açık camekânlı kapının ardında, göz alabildiğine uzanan deniz manzarası.

"Buyurun, verandaya çıkalım," dedi yazar.

Çıktılar... İşte o zaman, verandanın gerisindeki sallanır koltukta oturan adamı gördü gazeteci.

"Kocam!" dedi yazar. "Hayat arkadaşım, dostum, sırdaşım... Yazdığım her satırı paylaştığım, onayını aldığım biricik sanat danışmanım o benim!"

Oturduğu yerde hafifçe doğruldu adam. Sımsıkı tuttuğu bastonunu duvara dayadı, boşta kalan elini gazeteciye uzattı.

Tokalaştılar. Şaşkınlıktan donakalmıştı gazeteci... Adamın diğer eli tutmuyordu galiba.

Gözleri yerde, "Rahatsız ettim," diye mırıldandı.

Hayır, anlamında başını iki yana salladı adam. Bunlar olurken, yaşananlar son derece olağanmış gibi, sessizce onları izliyordu yazar.

"Önemli bir rahatsızlık geçirdi eşim," diye açıkladı. "Neyse ki atlattık. Ufak tefek aksaklıkları da yok sayıyoruz artık."

Anlamıştı gazeteci, konuşamıyordu adam!

Etkilenmişti, üzülmüştü; ancak işin insani boyutlarını bir yana bırakıp mesleğinin gereğini yerine getirmek zorundaydı.

Alacağı yanıttan kuşkulu, "Fotoğraf çekebilir miyim?" diye sordu.

"Çekebilirsin. Ancak, geçeceğin haberde özellikle vurgulamanı istiyorum... Yalnız dilleriyle konuşmaz insanlar! Bir bakış, bir dokunuş, neler neler anlatır..."

Anlamıştı gazeteci. Daha doğrusu anlamış görünüyordu. Onun at gözlükleriyle baktığını; gördüklerini duyduklarını, merak oburu insanların önüne atılacak malzemeyi zenginleştirmek uğruna, hoyratça çarpıtabileceğini nereden bilecekti yazar...

Ertesi sabahki gazetelerin manşeti, "Ünlü yazarın büyük sırrını çözdük!" şeklindeydi.

Dişlerinin arasından, "İyi halt ettiniz!" dedi yazar. "Ben istemesem, çözebilirdiniz sanki..."

Kocasıyla beraber, poz vererek çektirdikleri fotoğraflara diyeceği yoktu ama, bastonun tek kare görüntüsünü vermek de neyin nesi oluyordu? Fotoğraflar üzerinde gezinen gözlerini yazıya indirdiğinde, tüm bedeni kaskatı kesiliverdi.

Felçli bir koca! Konuşamıyor bile... Ve yazarımız, bu şartlar altında yazıyor romanlarını...

Asıl ilginci de, yıllar önce dile getirilmiş, anlamsızlığı ortaya çıkınca unutulmuş bir iddianın yeniden gündeme taşınmasıydı.

...Biliyorsunuz, edebiyat camiasında uzun süre, "Aşk romanlarının gerçek yazarı perde gerisinde, onları bir başkası kaleme alıyor; ünlü yazarımız da vitrin önünde boy gösteriyor," diye konuşulmuştu. İşte gizli kahraman!

O romanları eşinin yazdığını varsayarsak... Hastalığın ardından veri kaynağı tükenen ünlü yazarımız da, aşk romanlarının devamını getiremeyip değişik tarzda, cinsel içerikli eserlere yöneliyor. Gerçek sır, işte bu...

Bir de psikiyatr görüşü eklenmişti köşeye.

Aile bağları güçlü, ancak cinsel yetersizlik içindeki bir eşe sahip kadının bastırılmış dürtüleri, farklı şekillerde ortaya çıkabilir.

Hemen altında da editörün küçük bir eklemesi...

Yazarımızın cinsel konulara ağırlık vermesi, bu nedenden kaynaklanıyor olabilir mi?

"Yanlış yaptın genç adam!" diye mırıldandı yazar. "Üstelik, yanıldın da... Kocam konuşamıyor, dedim sana. Diğer işlevlerinde sorun olduğunu nereden çıkarıyorsun?"

Gazeteyi kaptığı gibi kocasının yanına koştu. Haberi içeren sayfayı önüne koydu, hiçbir yorum yapmadan okumasını bekledi.

Sakin, ama bir o kadar da hınzırca gülümsemesiyle kocasına sokuldu.

"Yazacağım yeni romanın konusu çıktı bitanem," dedi. "Bastırılmış cinsel dürtülerini nasıl açığa çıkaracağını bilemeyen, bekleyiş içindeki kadın, evine uluorta giren bir gazeteciyi rehin alır. Küçük bir odaya hapseder onu. Seks kölesi haline getirir! Nasıl? Beğenmedin mi yoksa..."

Dudağının sol köşesini yukarı çeken çarpık bir gülümsemeyle başını birkaç kez salladı adam. Bu yanıtın ne anlama geldiğini biliyordu yazar.

"Münasiptir!" diyordu sanat danışmanı kocası.

"Yaşamasan da, bunları pek güzel yazabilirsin sen..."

Canan Tan

Ankara'da doğdu. Ankara Üniversitesi Eczacılık Fakültesi'nden mezun oldu. Değişik edebiyat türlerindeki yarışmalarda dereceler ve ödüller aldı.

• *Kelebek (Hürriyet)* gazetesinin senaryo yarışmasında Birincilik Ödülü / *Oğlum* (Eser fotoroman olarak çekildi.)

• I. Ulusal Nasrettin Hoca Gülmece Öykü Yarışması'nda 1. Mansiyon / *Dedektiflik Bürosu*

• İnkılâp Kitabevi'nin Aziz Nesin Gülmece Öykü Yarışması'nda basılmaya değer görülen *İster Mor, İster Mavi* kitabıyla **Türkiye'de mizah öyküleri kitabı olan ilk kadın yazar** unvanı

• BU Yayınevi'nin Çocuk Öyküleri Yarışması'nda 1. Mansiyon / *Sevgi Yolu*

• Rıfat Ilgaz Gülmece Öykü Yarışması'nda Birincilik Ödülü / *Sol Ayağımın Başparmağı*

• İzmir Büyükşehir Belediyesi Çocuk Romanları Ödülü / *Sokaklardan Bir Ali*

• İzmir Büyükşehir Belediyesi'nin Cumhuriyetin 75. Yılı Çocuk Öyküleri Ödülü / *Arkadaşım Pasta Panda*

• 10. Orhon Murat Arıburnu Ödülleri'nde uzun metrajlı film öyküsü dalında Birincilik Ödülü / *Akrep*

• İzmir Milli Eğitim Müdürlüğü'nden **2004 Yılı Köşe Yazarı Ödülü**

Yeni Asır (İzmir) gazetesinde iki yıl köşe yazarlığı yaptı.

Mimoza dergisinde Çuvaldız; *Kazete* adlı kadın gazetesinde Kazete-Mazete adlı köşelerde yazılar yazdı.

Öykü, roman, mizah ve çocuk edebiyatı çerçevesinde çok sayıda kitabı bulunmaktadır.

YAZARIN ALTIN KİTAPLAR'DAKİ DİĞER ESERLERİ

- **Piraye/** Roman, 19. Baskı
- **Yüreğim Seni Çok Sevdi/** Roman, 14. Baskı
- **Eroinle Dans/** Roman, 4. Baskı
- **Çikolata Kaplı Hüzünler/** Öyküler, 3. Baskı
- **Türkiye Benimle Gurur Duyuyor!!!/** Mizah Öyküleri, 2. Baskı
- **İster Mor, İster Mavi** / Mizah Öyküleri, 3. Baskı (Aziz Nesin Gülmece Öykü Ödülü)
- **Sol Ayağımın Başparmağı** / Mizah Öyküleri, 3. Baskı (Rıfat Ilgaz Gülmece Öykü Yarışması Birincilik Ödülü)
- **Sokaklardan Bir Ali/** Roman, 8. Baskı (İzmir Büyükşehir Belediyesi Çocuk Romanları Ödülü)
- **Oğlum Nasıl Fenerbahçeli Oldu?/** Mizah Öyküleri, 7. Baskı
- **Fanatik Galatasaraylı/** Mizah Öyküleri, Altın Kitaplar, 7. Baskı
- **Beşiktaş'ım Sen Çok Yaşa/** Mizah Öyküleri, 4. Baskı
- **Sevgi Yolu/** Çocuk Öyküsü, 7. Baskı

Canan Tan

- **Arkadaşım Pasta Panda/** Çocuk Öyküsü, 6. Baskı (İzmir Büyükşehir Belediyesi, Cumhuriyetin 75. Yılı Çocuk Öyküleri Ödülü)
- **Sokakların Prensesi Şima/** Çocuk Öyküsü, 6. Baskı
- **Beyaz Evin Gizemi/** Çocuk Romanı, 8. Baskı
- **Ah Şu Uzaylılar/** Çocuk Romanı, 4. Baskı
- **Yolum Düştü Amerika'ya/** Gençlik Romanı, 2. Baskı

CANAN TAN

ÇİKOLATA KAPLI HÜZÜNLER

14 FARKLI KADIN, 14 FARKLI ÖYKÜ

ALTIN KİTAPLAR

CANAN TAN
Piraye
ALTIN
KİTAPLAR

YÜREĞİM SENİ ÇOK SEVDİ

ALTIN KİTAPLAR